関西と中国東北地域との経済交流を考える

関西学院大学・吉林大学
『第五回日中経済社会発展フォーラム（二〇二一年）報告書』

関西学院大学産業研究所　編集・発行

関西学院大学出版会

関西と中国東北地域との経済交流を考える

関西学院大学・吉林大学『第五回日中経済社会発展フォーラム（二〇一二年）報告書』

はじめに

関西学院大学は、米国、カナダ、EU諸国などの欧米諸国を中心とする多くの大学との交流実績があり、現在も拡大しつつあります。また、中国を含むアジア諸国・太平洋地域の様々な大学との交流も年々盛んになりつつあります。中国との関係では、本学の創始者であるウォルター・R・ランバス博士は、中国・上海で誕生し、米国で教育を受けられ、再び中国でキリスト教の伝道活動を行われました。後に日本に来られて、一八八九年（明治二二）本学を創設されたのです。その後百二十年余、関西学院大学は中国と様々な縁があり、交流が行われてまいりました。

さて、近年の日中関係は、一九七二年に当時の田中角栄首相と周恩来首相との日中共同声明調印に始まります。今年は、ちょうど四〇周年となります。国交回復後の日中の政治関係は、必ずしも平穏、友好な関係を続けているわけでなく、様々な問題をかかえていることも事実であります。

一方で、経済関係は強まってきました。中国は二〇〇一年にWTO（世界貿易機関）へ加盟しましたが、その後先進工業国の資本と技術を導入し、毎年右肩上がりに工業生産を伸ばしていることは周知のとおりです。二〇〇八年開催の北京オリンピックは中国の国力の躍進を世界に印象付けましたし、二〇一〇年にGDPで日本を追い抜いて世界第二位の工業大国へと発展しています。そして日中両国は今やお互いに最大級の貿易相手国となっています。

関西学院大学と中国東北地域にある吉林大学との大学間交流は、一九八〇年代初めに開始し、三〇年の区切りを迎えようとしています。吉林省長春市に位置する吉林大学は、中国の重点大学の一つで、その学生数は最大規模であり、政府諸機関・産業界に多くの卒業生を輩出してきました。また、同大学は、中国東北地域の学術・研究の中心であります。

中国東北地域は、かつては中国の中で最も経済・産業面で発展した地域でしたが、経済改革・開放政策の下での市場経済化の進展、企業間競争の激化の中で、多くの国有企業が存在する同地域は競争に遅れをとりました。そのために、この地域の労働市場は、高い失業率で示される困難な状況に直面しました。近年、このような状況を改善するために、中国の中央政府は、中国東北地域の経済・産業の発展を目指すための支援を始めています。今後、同地域の経済・産業の発展が著しいものになることが期待されます。

一方、大阪を中心とする関西地域経済は地盤沈下が憂慮されて久しくなります。関西地域の経済・産業を振興させる重要な方策の一つに、アジア諸国経済とのより密接な協力・連携があります。本学が関西地域になしえる貢献の第一歩として、当時の平松一夫学長が提唱し、日中経済シンポジウムを二〇〇七年二月に開催することになりました。その時産業研究所長であった私が企画運営を命ぜられた次第です。このシンポジウムで関西学院大学は吉林大学と協力し、関西地域・中国東北地域の経済・産業の発展のための双方の経済協力のあり方、特に企業の視点からの経済協力のあり方を探ろうとしました。

その後、日中経済シンポジウムは、毎年開催されることになり、大阪と中国の長春を交互に開催場所にして、続けられてきました。当初の名称も第四回から日中経済社会発展フォーラムと改められ、中国東北部の図們江先導開発地域にも目を配ることになりました。仔細の経過は、巻末の「五年間の学術交流記録」をご覧になってください。

毎年の学術交流はお互いの人脈を強め、友好はやがて太い絆となって、二〇〇九年には、それぞれの大学に海外オフィスを設けるにいたっています。

本書は、二〇一二年二月二二日に大阪で開催された第五回フォーラムの記録です。会場は大阪市天王寺区の大阪国際交流センターを使い、一五〇人の参加者がありました。概報は三月一九日付の毎日新聞朝刊（関西版）に二頁にわたり掲載されましたが、日中講師陣の熱心なお話をさらに広く、そのまま伝えたく願っていたところ、井上琢智学長はじめ、大学関係者のご支援を得て、出版のはこびとなりました。

ところで、この日中の交流事業は学外の多くの方々に助けていただきました。私としては、第一回の開催時に当時の丸紅理事で、関西経済連合会国際委員会委員長（中国担当）、大阪商工会議所国際ビジネス委員会顧問の役員であった故西田健一氏のご厚情が思い出されます。関西経済界に登壇者の依頼など奔走いただき、ひとかたならぬお世話をしていただきましたが、五年間続けてこられたことは、日中の草の根交流の大切さを説いておられた西田氏にいくぶんかの恩返しになったかと思います。また、中国の友人である吉林大学経済学院副院長の李暁教授には、ずっと中国側メンバーのコーディネートを引き受けてくださり、感謝に耐えません。両大学の交流とともに二人の友情もさらに強めたく存じます。

また、この交流事業にずっとご支援くださった中国側の吉林省商務庁副庁長の張長新氏、吉林大学副学長の王勝今氏、同大学経済学院院長の李俊江氏、日本側は、本学の平松一夫商学部教授（元学長）、杉原左右一商学部教授（前学長）、定藤繁樹経営戦略研究科教授（元副学長）、井上琢智学長、土井教之経済学部教授、佐藤善信経営戦略研究科教授に感謝の気持ちを伝えたく存じます。

そして、毎回登壇いただいた毎日新聞論説委員（現論説副委員長）の近藤伸二氏はじめ毎日新聞社の方々、連続して講師陣を派遣いただいた大阪医薬品協会の皆さま、さまざまなご支援をいただいた日中経済貿易センターの皆さま、登壇いただいた各界の講師の方々、ご後援いただいた関西経済界の皆さまにお礼申し上げます。

最後に、毎回、運営を支えてくれた本学国際教育・協力センター、産業研究所の皆さま、吉林大学経済学院の皆さまのご苦労に厚く謝意を表する次第です。

関西学院大学国際学部長　伊藤　正一

目次

はじめに　3

開会あいさつ――11

関西学院大学学長　井上琢智　13

吉林大学経済学院院長　李俊江　16

大阪医薬品協会会長・大日本住友製薬株式会社代表取締役社長　多田正世　18

吉林省企業連合会副理事長・吉林省企業家協会常務副会長　姜国鈞　20

基調講演――23

1　関西地区と吉林省の交流強化　好機、新政策、加速　25
日中経済貿易センター理事長　青木俊一郎

2　進む北東アジア経済の一体化　東北亜地区経済合作的新趨勢及中日経済合作　35
吉林大学経済学院院長　李俊江

3　ハウス食品の中国事業戦略　カレーライスを中国人民食に　47
ハウス食品国際事業部長　野村孝志

4　吉林省への投資　大きい余地　中国対外貿易的発展　現状与中日経貿関係　59
吉林大学経済学院副院長　李　暁

第1セッション〔食品関係〕――75
伊藤忠商事株式会社 食料中国事業推進部 食料中国室長　桐山 寛史　77
吉林省企業連合会副理事長、吉林省企業家協会常務副会長　姜 国鈞　85
関西学院大学総合政策学部准教授　松村 寛一郎　93
長春中之杰実業有限公司常務副総経理　張 英杰　100

第2セッション〔医薬関係〕――103
塩野義製薬株式会社海外事業本部長　竹安 正顕　105
吉林大学組合化学与創新薬物研究センター主任　柏 旭　117
兵庫医科大学先端医学研究所教授　後藤 章暢　125
吉林華康薬業股扮有限公司副総経理　王 昇平　131

第3セッション〔バイオ関係〕――137
毎日新聞論説副委員長　近藤 伸二　139
吉林大学生命科学学院教授　施 維　149
関西学院大学理工学部教授　藤原 伸介　157
吉林大学生命科学学院教授　蔡 勇　161

写真提供協力　毎日新聞社

開会あいさつ

井上　琢智
李　　俊江
多田　正世
姜　　国鈞

関西学院大学学長　井上《いのうえ》　琢智《たくとし》

ただいまご紹介いただきました、学長の井上です。

今回の吉林大学との催しに対して、日本側の代表として、ひとことごあいさつを申し上げたいと思います。

関西学院大学と中国とのかかわりは、我々の学校がランバス先生の創立によることから始まります。ランバス先生のお父さまは中国で伝道されていました。そして、その中でお生まれになった先生は、基本的な教育はアメリカで受けられましたけれども、医者の学位をとり、そしてお父さま、おじいさまと同様に、宣教師の道を選ばれました。

そして、伝道活動を通じて、日本での教育の重要性を認識され、一八八九年に関西学院を創立されました。そういう中で、ランバス先生自身、関西学院を、まさに男子教育の場としてつくられました。それが私たちと中国との深いかかわりの最初でした。

井上琢智氏

もう一つ、吉林大学との交流です。元学長である柚木《ゆのき》学《まなぶ》が吉林大学の先生方と研究交流をされ、研究書を出版されました。それは、まさに学術交流であり、それをきっかけとして、今なお、このようなフォーラムが開催できるはこびになったと理解しております。

このたび吉林大学と協力して、第五回日中経済社会発展フォーラムを開催することができました。改めて御礼を申し上げたいと思います。

二〇〇七年二月に大阪で始まったこのフォーラムは、その後、中国の長春と、そして日本の大阪で交互に開催しております。今回は大阪での三回目の開催であります。吉林大学の皆さまや中国経済界の皆さまが関西へお越しいただいたことに、改めて歓迎を申し上げたいと思います。

このフォーラムの開催に当たって、大阪医薬品協会、日中経済貿易センター、毎日新聞社の皆さまには、共催者として企画運営を全面的にお助けいただき、今回の開催にこぎつけることができました。ここに感謝を申し上げたいと思います。

また、中華人民共和国駐大阪総領事館、関西経済連合会、大阪商工会議所、日中経済協会関西本部の皆さまにも、フォーラム開催にご協力いただきましたことに、御礼を申し上げたいと思います。さらに、お忙しい中、このフォーラムの講演、セッションの報告、討論をお引き受けいただいた講師の皆さま方には改めて御礼を申し上げます。

関西学院大学は、その誕生から国際性豊かな学校でありました。しかし、今や二万二〇〇〇人を超える学生によって、この大学は成り立っております。その中で再び、国際性豊かな学園をつくりたいと願い、努力してまいりました。この催しも、その一環として位置づけることができると思います。

関西学院大学は世界の多くの大学と協定を結び、今年度は八〇〇名の学生を海外に派遣し、六〇〇名の留学生を迎えることができました。とりわけ、よきパートナーである吉林大学とは、先ほど申しましたように、柚木学から始まり三〇年にわたって、緊密な学術交流を行ってきました。これまでにも多くの先生方をお迎えし、そして関西学院大学からは、中国語の研修、交換留学で学生を派遣しましたし、先生方も講師として行かれました。そして二〇〇九年には、それぞれの大学に海外オフィスを設置することができました。

このような深いつながりが、まさにこのフォーラムの成果の一つであったと理解しております。そして、このような二校の交流だけではなく、交流の成果を私たちが支えられている社会に還元していきたいと思います。それは日本の社会であり、中国の社会であり、さらには世界へ発信していきたいと思っております。日中のフォーラムはこのような目的で開催されておりますので、ここにおられる皆さま方には、この成果をそれぞれの職場、それぞれの広報を通じて世界へ発信していただければ幸いです。

奇しくも本年は、日中国交正常化四〇周年の記念すべき年であります。日中両国はさまざまな問題を抱えながらも、それを着実に克服しながら、経済交流、文化交流も含めて、さらに緊密になってきております。このフォーラムの開催を通じて、日本の関西と中国東北地方の経済交流がより盛んになり、双方の地域の経済発展が促進され、さらには経済だけではなく、文化や人との交流が盛んになり、両国の相互理解と友好がさらに進むことを願っております。

私たちはさまざまな厳しい状況にあります。とりわけ、昨年の震災に際して、中国からも多くの支援を受けました。改めて感謝を申し上げたいと思います。交流には、深く、長い関係の持続が必要であります。日本では「継続は力なり」という言葉がありますが、継続こそが両国、そして両大学の今後の発展に導くだろうと思っています。今後ともよろしくお願いいたします。

このような趣旨で行いますフォーラムにご出席の皆さまは、ぜひその趣旨をご理解いただきたいと思っています。以上で、私のごあいさつとさせていただきたいと思います。

どうもありがとうございました。

吉林大学経済学院院長　李《り》　俊《しゅん》江《こう》

吉林大学経済学院からまいりました、李俊江と申します。この会議に参加でき、大変光栄に思います。ご在席の皆さま、学者、来賓の皆さま、企業からの代表の皆さま、ようこそおいでくださいました。

第五回日中経済社会発展フォーラムの開会に当たって、吉林大学を代表しまして、会議の成功を心からお祝いを申し上げたいと思います。日中両国は大切な隣国です。両国には、経済、政治、文化、企業家の交流等、長い歴史を持っております。両国の各分野における協力を深めることは、中日両国の経済の健全な発展に寄与するばかりではなく、東アジア、また全世界の政治の安定、経済の発展に大きく寄与するものであります。

李　俊江氏

吉林大学と関西学院大学は、早くから両校の友好関係を結んでまいりました。吉林大学の多くの教師、学生はかつて関西学院大学で学び、またここで交流をしてまいりました。ということは、関西学院大学は吉林大学の学生と教師の教育と育成に大きな役割を果たしてくださいました。そういう意味で、関西学院大学の井上学長に心からのお礼を申し上げます。

日中経済社会発展フォーラムは五回目になります。毎回、新しい内容が加わり、新しい企業家が参加しております。この学術会議の一つの大きな特徴でもあります。そして、これは産官学の連携、このような学者同士の交流を企業家の協力と結びつけるプラットフォームをつくるということです。これによって、日中の地域経済の発展に寄与したいというのが、私ども、学者が社会に奉仕するための大きな責任だと思っております。

また、今回は八名の学者が参加しております。吉林大学と関西学院大学の学生を派遣しておりますので、学生同士の交流を通じて、私どもの文化、学術協力の継続性を高めていきたいと考えております。中国と日本の未来の発展は、学生たち若い人たちにかかっていると思います。

この会議の準備に当たって大変なご尽力をいただきました、関西学院大学の準備委員会の皆さまに感謝申し上げます。最後になりますが、このフォーラムが成功することをお祈りいたします。ありがとうございました。

大阪医薬品協会会長・大日本住友製薬株式会社代表取締役社長　多田《ただ》　正世《まさよ》

ただいまご紹介いただきました多田でございます。現在、大阪医薬品協会の会長をいたしております。本フォーラムの共催者の一人といたしまして、ひと言ごあいさつを申し上げたいと思います。

まず最初に、第五回日中経済社会発展フォーラムが大阪の地で開催されましたことに対しまして、お喜びを申し上げます。ただいまご紹介がございましたように、本フォーラムは関西学院大学と中国の吉林大学の両大学の先生方をはじめ、日中交流に携わっておられる関係者の方々のご尽力により開催されております。しかも、今回は第五回ということでございまして、関係者の皆さま方のたゆまぬご努力、熱意に対して敬意を表したいと思います。

多田正世氏

また、本日は、日本の関西と中国の政府の関係の方、あるいは産業界の方も多数ご参加いただいていると聞いております。誠にありがとうございます。特に中国からは、ただいまご紹介がありましたが、学生の方が八名、先生方、研究者の方が一〇名ということで、遠路、大阪の地に多数おみえいただきました。大阪の人間といたしまして、心から歓迎させていただきたいと思います。今日、私は赤いネクタイをしておりますが、中国で赤い色は歓迎の色だと聞いておりましたので、一番赤色の濃いものを選んで、歓迎の意を表した次第です。

さて、私どもの会社の本社は道修町《どしょうまち》にございます。道修町というところは、今から三五〇年ほど前に、中国から漢方薬を輸入する株仲間として、当時の将軍、徳川吉宗が独占的輸入権を一二四の薬種問屋に与えたことに始まります。この一二四の問屋の人々が集まり、この町をつくったわけでございますが、現在も、多数の医薬品関連企業が道修町で医薬品に関連する仕事に携わっております。そして、この町には薬の神様をお祀りした少彦名《すくなひこな》神社がございますが、この神社は神農《しんのう》さんという愛称で一般の方々にも親しまれております。ご祭神には、少彦名命《すくなひこなのみこと》という日本の薬の祖神と、神農氏という古代中国の薬の神様がともに祀られております。このように、大阪の町と中国は大変長い歴史があって、薬の取引を通じ、あるいは薬の社会的な貢献を通じまして、ともに中国、日本の社会に貢献してきた間柄でございます。

中国の経済の発展は、近年まことにめざましく、沿岸部のみならず、最近は内陸部にも大いに浸透していると聞いております。また、吉林省をはじめ、東北三省は中でも経済成長の著しい地域であると聞いております。そのような中で関西学院大学と吉林大学が協力してこのようなフォーラムを持たれ、交流を深められるということ、それに関連して産業界、あるいは関係機関の方々がともに学び、理解し合えるということは、日中の将来を考えたときに、まことに時宜を得た企画であり、意味のあるフォーラムだと思います。

今回の第五回フォーラムでは、食品、医薬品、バイオの三つのテーマについて、それぞれの分野の専門家の方々によるセッションがございます。本フォーラムを通じまして、関西と中国・東北地方の産業界の交流が進み、日本と中国の経済、社会が発展することを祈念いたしまして、簡単ではございますが、私のあいさつとさせていただきます。

本日は、おめでとうございます。

吉林省企業連合会副理事長・吉林省企業家協会常務副会長　姜《きょう》　国鈞《こくきん》

井上学長、李団長、青木理事長、ご在席の皆さま、吉林省企業連合会、企業家協会を代表いたしまして、今回の日中経済社会発展フォーラムが日本の大阪で開かれますことを心からお祝い申し上げたいと思います。

今回のフォーラムは、長春―吉林―図們江の開発先導区の建設、日本の経済協力について話し合うことになっております。このテーマは実際に即したものであり、中国の東北地方中部であります吉林省と日本の関西地域の協力と交流に大きな役割を果たすものです。

企業連合会、企業家協会といいますのは、企業、企業家に奉仕するための社会組織です。政府と企業家をつなぐ重要な役割を果たしております。企業の家でもあり、企業家の家でもあります。本日、このフォーラムに出席し、そしてこれを主催いたしますのは、吉林省の企業、企業家に対して奉仕するためのプラットフォームをつくることになります。

姜　国鈞氏

今回出席しておりますのは、吉林省の二つの企業、一つは医薬品、一つは食品でありますが、この企業はともに後発の精鋭です。現在の規模はそれほど大きくありませんが、今後の成長性、そして今後の発展が非常に大きい企業でございます。この機会をお借りしまして、皆さま方に関心を持っていただき、吉林省の企業がより発展しますこと、そして吉林省と関西の経済協力がより発展することを願います。

開発先導区の建設といいますのは、中国国務院が許可しました、中国の国家発展戦略の一つであります。これは、中国の吉林、東北地方には「伝統工業の基地」という強みがございます。そして、北東アジア地域との協力と発展に対する優位性もございます。吉林の琿春を開放の窓口とし、延吉、竜井を開放の先端とし、長春、吉林を拠点とする基盤整備の整った、大中小の都市と企業地域がバランスをとって発展できる、また環境に大変よい発展の枠組みを持っているところです。今、ロシア、朝鮮と協力を進めており、実質的な効果も上げております。

長春の保税区は、国務院からも許可を得ております。先導区の沿線の主な都市を結節点としながら、今、先を争って発展しております。さらに、物流の地域も建設を進めております。一つは食品工業団地、一つは医薬品工業団地です。また、日本の関西地域も、やはり長春で非常にすばらしい都市づくりをしております。そして、多機能の地域も進めております。敖東医薬という企業も、今から建設を始めております。

この先導区の建設は、吉林省と関西地方の経済協力にすばらしい機会を与えております。また、北東アジアの地域経済の協力にこれから大きな発展の可能性をつくり出してもおります。

皆さま、吉林省は非常に景色のいいところです。また、今後の産業協力の発展にも大きな可能性のあるところです。私たちはこのような日中のフォーラムを交流の一つのきっかけとして頑張っていきたいと思います。そして、皆さま方にぜひ吉林省へ来ていただき、吉林省に注目し、吉林省を応援していただきたいと思います。

このフォーラムがよりすばらしいものになるよう、心から祈念しております。

基調講演

青木俊一郎
李　俊江
野村孝志
李　暁

1 関西地区と吉林省の交流強化

好機、新政策、加速

日中経済貿易センター理事長 青木《あおき》 俊一郎《しゅんいちろう》

日中国交正常化四〇周年

ご紹介いただきました、日中経済貿易センター理事長の青木でございます。

本日は、第五回日中経済社会発展フォーラムで、国交正常化四〇周年を迎えて、関西地区と吉林省との交流強化について発言させていただく機会を得まして、大変光栄に存じております。副タイトルを「好機、新政策、加速」とし、Opportunity, New Deal, Speed Upと、まさに天の時、地の利、人の和を得た好時期であると思います。

青木俊一郎氏

まず最初に、中国がＧＤＰ、国内生産額で一昨年度、日本を追い越し、世界第二位の経済大国になった道程を振り返ってみたいと思います。

一九七二年九月二九日に、田中角栄総理と周恩来総理との間で日中共同声明が調印され、国交正常化が実現しまして、本年は四〇周年を迎える記念すべき年になりました。一九七八年末に、

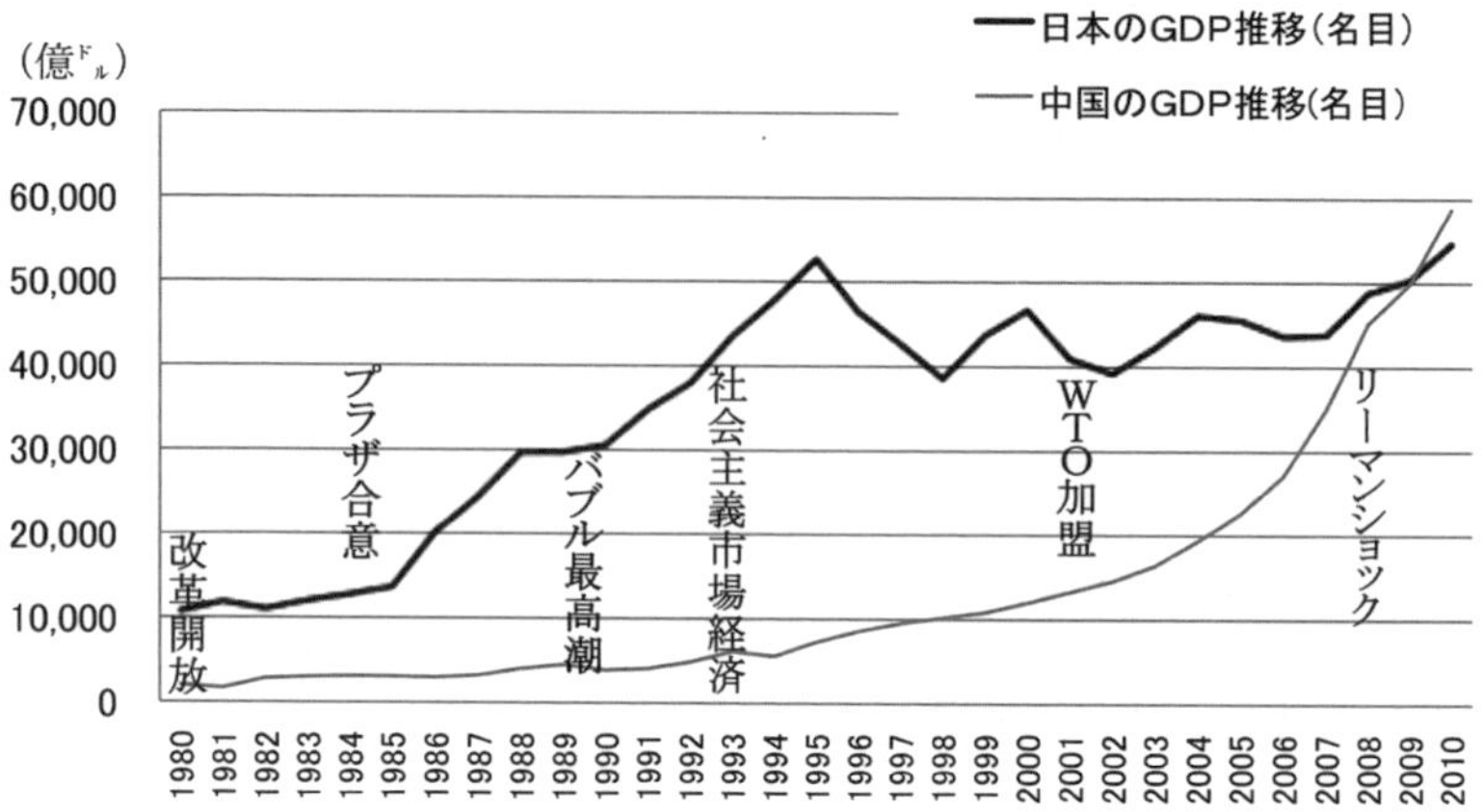

図1　世界第2の経済大国への道程

鄧小平、当時の副総理が提唱されました改革開放路線への転換が三中全会で採択され、計画経済から外資導入と外国技術の積極的な導入が始まりました。

図1のグラフは、三〇年間の経済成長の進展を示しております。日本経済は太線で示した折れ線グラフでありまして、これは毎年のGDPの額をドル換算で表示したものでございます。日本経済は、一九八五年のプラザ合意以降、急激な円高によるバブル経済にわき返りましたが、その影響が九〇年以降のバブル崩壊ということになり、一九九五年以降はゼロ成長と申しますか、経済成長が非常に低迷な状態が続いております。「失われた二〇年」という、我々にとっては恥ずかしい言葉もなお聞こえてくるわけです。

中国の高度経済成長と経済政策

中国の方は図1に示すとおり、一九八九年の天安門事件で挫折を経験した経過を経まして、一九九三年に社会主義市場経済を導入し、この九三年から約二〇年間で、毎年

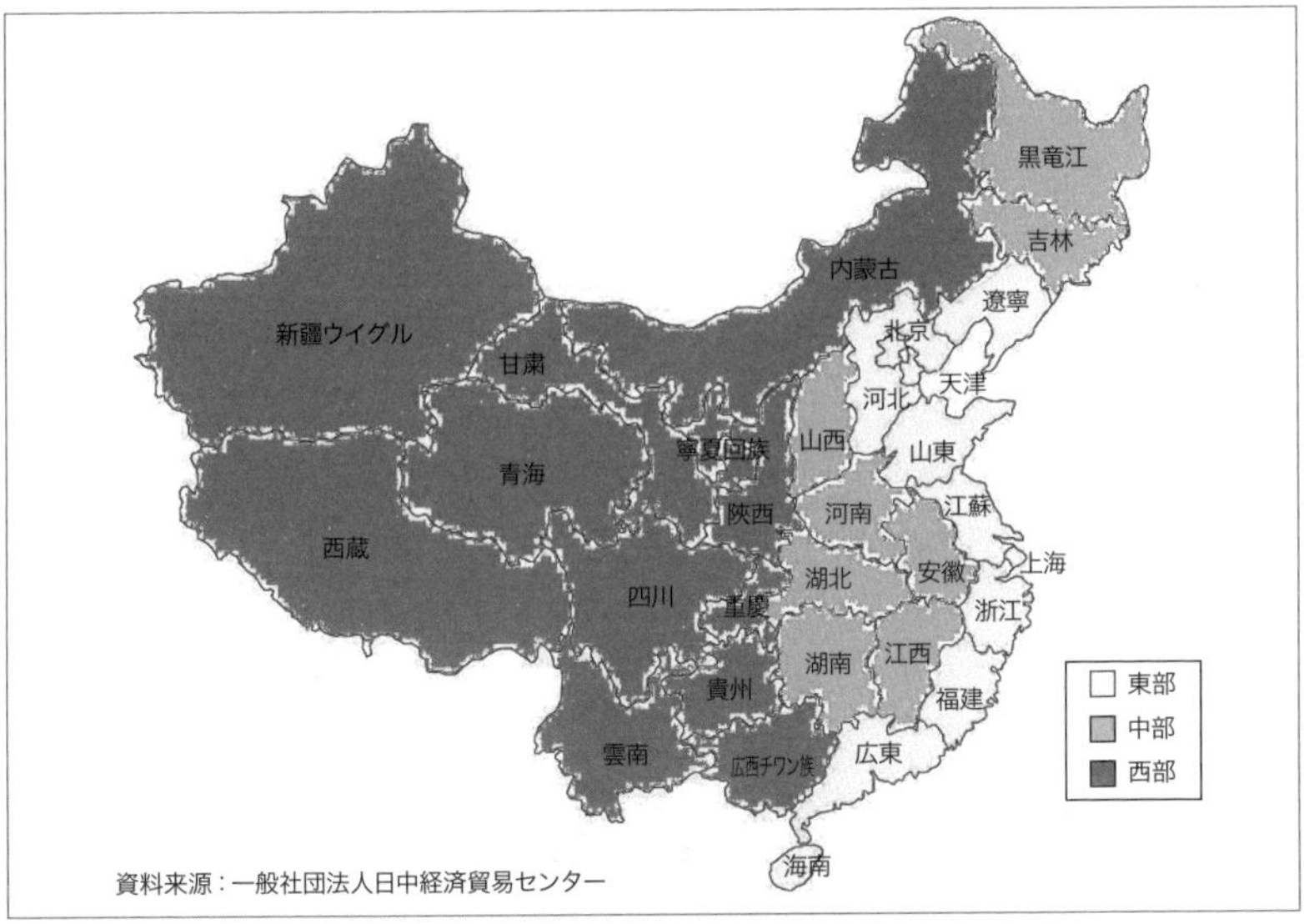

図2　3大経済圏グループ別

一〇パーセントに及ぶ高度経済成長を実現しました。

特に、二〇〇八年九月のリーマンショック直後、いち早く胡錦濤主席がG20の総会で四兆元の緊急景気対策を発表されまして、世界的経済恐慌を防止する役割を果たされました。その結果、一昨年には中国が日本を追い抜き、世界の経済大国になり、日本は三位ということになりました。巷間いわれるところ、人類の歴史上、初めての奇跡的な高度経済成長をなし遂げた、世界的な評価を受けるに至っております。

本日、私がお話しする「関西地区と吉林省の交流強化」の副題に、「好機、新政策、加速」というキーワードを選びました。本年以降、お互いに、ちょうどタイミングよく、産学官一体となった新政策が発表されまして、これを活用して交流を加速することができる好機に恵まれたということであります。

まず吉林省でありますが、国家統計局の最近の統計を見ますと、中国の工業発展の状況を、図2にありますように三地区に分類しています。少し奇妙に思われるかもしれませんが、東部というのは、いわゆる沿海地域でありまして、特別市・北京、天津、上海と、その他の八省、中部は八省、これまでは中部六省といわれていましたが、吉林省と黒龍江省は中部に編入されました。

西部は変わっておりません。重慶が特別市一つ、五自治区、内モンゴル、寧夏回族、新疆ウイグル、チベット、広西チワン族自治区。合計しますと三一の経済単位に分かれるわけでございます。

これにより、政府の意向が明らかに出ておりますのは、より一層調和のとれた工業化を進めることを発表しております。注目すべきは、吉林省と黒龍江省が中部に入っていることでありますが、従来は、先ほどのお話もありましたように、東北三省旧工業地区発展計画に入っておりました。今は遼寧省に投資も十分入っておりますし、経済発展もすばらしいということで、東部に編入されております。吉林省が中部に入ったことによって、中国政府の各種の支援が一層強化されると思われます。中国経済の成長は、東部から中部、西部へと移動していき、東風が西方へ吹き始めています。

人口比で申しますと、東を一〇としますと、中部が八、西部が七でございまして、足し算をすると一五になります。人口は一対一・五になります。ところが、GDPは東を一〇としますと、中部は四、西部は三という割合で、いかに中部台頭が重要であるかがわかります。

既に、昨年の国家統計局の発表によりますと、一定規模以上の工業生産額の伸びは、中部が一八・二パーセントと、これはパーセンテージであって絶対額ではありませんが、大きく伸びております。中国の自動車生産台数は長春第一自動車グループが上海に続いて二番目に多く、全体の一八五〇万台という数字に対して、一三パーセント、三〇〇万台弱を生産して、自動車大国になっておられることは、皆さまよくご存じのとおりであります。

中国の内需拡大と日本

まだ一カ月にもなりませんが、春節が終わりました一月三〇日に、国家発展改革委員会が第一二次五カ年計画の発展計画、特に工業分野についての七産業を強化するということが発表されました。

これによりますと、内需拡大が中国自身の問題でもありますし、世界から期待される、特に我々、日本にとりましても、中国の内需は日本の内需であるといわれておりますだけに、内需拡大と都市化を進展させる。そして、消費構造が高度化しましたから、この七産業について力を入れることを発表しております。これは五カ年計画ですので、中期計画であります。

一、軽工業、ブランド力や技術力を向上させる。二、紡績工場、同じくブランド力、技術力の向上であります。三、医薬工業、バイオ医薬、医療機器の国産化。四、化学繊維業。五、産業用紡績製品。六、農業でもありますが製糖業。七、じゃがいも加工業。この七業種でもって、年平均成長率九パーセントアップ、輸出額も七・五パーセントアップを成長目標に掲げております。

この産業の中で、医薬工業、製糖業、じゃがいも加工業は、今も吉林省が得意とされている分野でありますが、その他の産業も中央政府の資金面、税制面等々の支援が増加されることが期待されます。本日のフォーラムでも、食品、医薬、バイオについて積極的な意見交換が行われるようで、大変結構なことだと思っております。

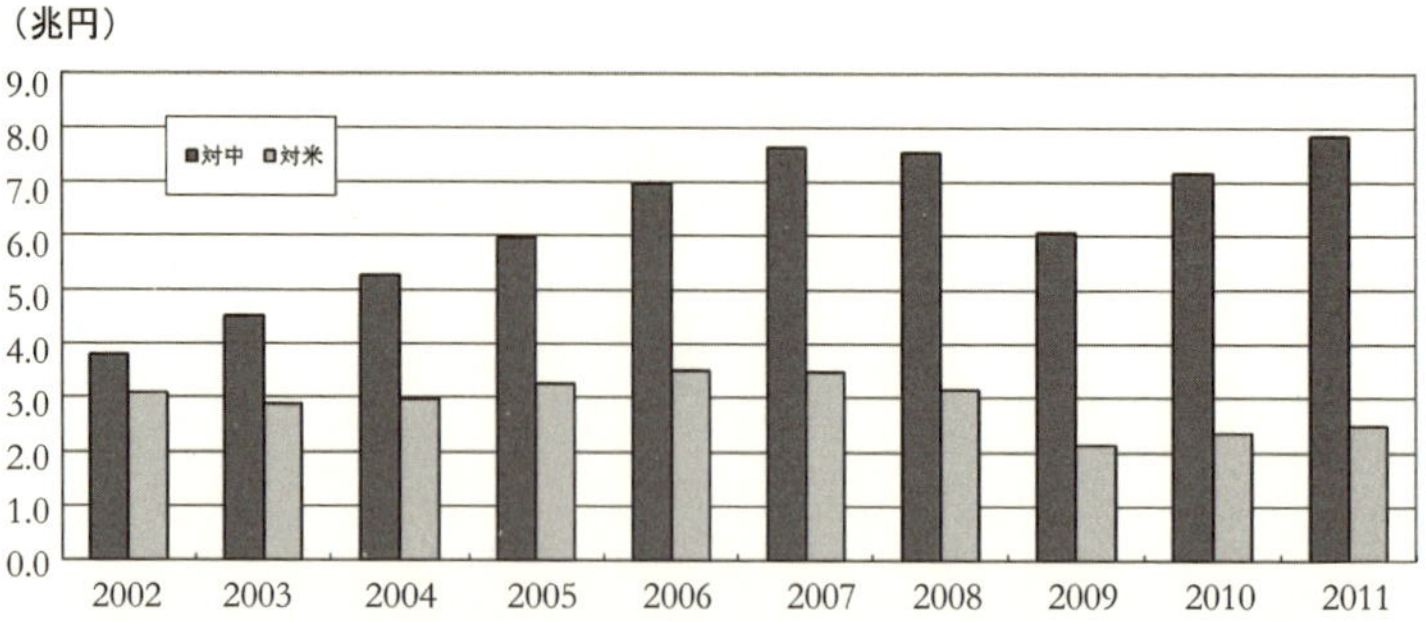

日本の対中、対米貿易における近畿圏の対中、対米貿易の占める割合

（単位：%）

	2002年	2003年	2004年	2005年	2006年	2007年	2008年	2009年	2010年	2011年
対中貿易	29.9	29.4	29.0	28.7	28.4	27.4	27.1	28.0	27.0	28.5
対米貿易	14.0	14.2	14.6	14.9	14.1	13.8	14.2	14.9	14.5	15.6

図3　近畿圏対中、対米貿易の推移

中央と日本の貿易について、私の後で専門家が分析されますが、図3は我々、関西圏、近畿圏の対中、対米貿易の推移であります。実は、今、日本の貿易における最大のパートナーが中国であることはご存じのとおりでありますが、二〇〇七年までは、アメリカが日本の最大の貿易パートナーでありました。

関西は、それに先駆けて二〇〇二年から既に対中貿易が対米貿易を抜いております。このグラフでおわかりのように、対中貿易と対米貿易を比較しますと、関西では、対米貿易の倍以上を対中貿易でやってきております。自動車産業と製薬産業、および農業関係が、これまでの関西と吉林の貿易主体でしたが、今後は、地理的あるいは産業政策の新政策によりまして、双方の産学官の連携が加速されていくと思います。

日本では、東日本大震災、円高、少子高齢化、財政危機、政治の不安定であるとか、失業問題、デフレなど、七重苦とみずからを揶揄しておりますが、近代史において、こういった危機を克服してきた我々の先輩である、日本人特有のＤＮＡをよみがえらせる絶好のチャンスになっていると思います。

関西イノベーション国際戦略総合特区構想への期待

特に関西は、日本の復興のさきがけとなるべく、本年より、産学官一体の関西イノベーション国際戦略総合特区構想が認可されまして、既にスタートしております。大阪府、京都府、兵庫県、大阪市、京都市、神戸市を中心とする関西広域連合で、国際競争力向上のためのイノベーションプラットフォームの構築を目指しております。

この構想には、国籍、年齢、性別を問わず、幅広い人材が活躍できる場を構築し、フロンティア精神の再興を目指しております。世界トップクラスの製薬や家電、電気機器、電池等のリーディング企業の集積、および関西学院大学を含めて、総合的な大学、研究機関、科学技術基盤の集積が関西のポテンシャルでありまして、これをフル活用するような仕組みになっております。

それには、研究開発から実用化へのスピードアップと、性能・品質の強化等により、また多様な産業と技術の最適な組み合わせによりまして、国際競争力の強化、イノベーションを下支えする人材の育成、産業物流インフラの充実・強化等が必要かと思います。人材の強化につきましては、関西と吉林の共通の話題でありまして、次に述べます学術交流および留学生の受け入れがますます重要になってまいります。

次に、関西イノベーション国際戦略総合特区で創出しようとしております分野は、六分野であります。一、医薬品、二、医療機器、三、先端医療技術（再生医療等を含む）、四、先制医療、五、バッテリー、六、ス

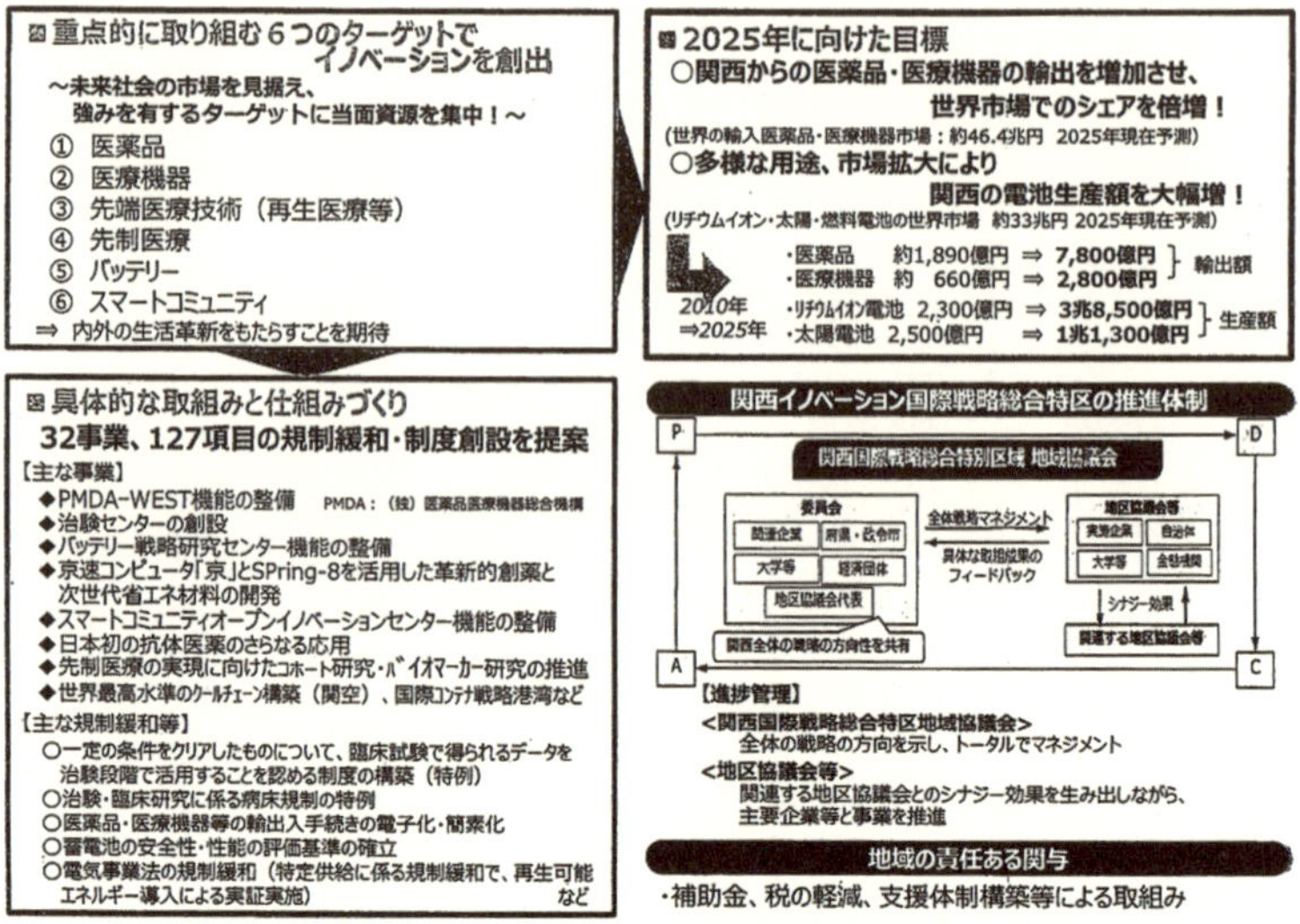

図４　関西イノベーション国際戦略総合特区　概要

マートコミュニティで、内外の生活革新をもたらすことを期待しております。このターゲットは、先に見ました中国の工業情報化部の定めた第一二次五カ年計画に共通しているものが大半でありまして、関西と吉林の今後の交流強化に的が絞られると考えられます。

具体的には、三二事業、一二七項目の規制緩和、制度創設が提案されております。二〇二五年に向けて初歩的な目標および推進体制は、図４に示しているとおりです。

また、製薬業の話題では、イギリスの医師に脳死を宣告された、中国で最も人気のある香港フェニックステレビの司会者、劉海若さんは死ぬことを宣告されていたわけですが、中医によって救われた例を私どもが毎月発行しておりますマンスリーで紹介しております。

また、私どもの会員で、山東省威海からピーナッツを大量輸入していた企業がありましたが、昨今の気候温暖化によりまして、山東省から吉林省四平へ輸入先が移転しています。こういうことも実際に起きている実例でございます。

我々が感じておりますのは、吉林省は人材の宝庫であるということです。決してリップサービスではなく、これまでの実績が証明していると思います。

日中の草の根交流

改革開放の先陣を切った深圳《しんせん》市をはじめとする華南地区の高度経済成長は、勤勉にして成績優秀、品行方正な吉林省の出身者によるところが大であると思います。我々、関西のビジネスマンも、忍耐、才覚、始末、算用に秀でている伝統を有しておりますが、この就職難の時代に日本の理工系学生が激減している現状にあって、吉林の理工系留学生は関西での就職が引く手あまたであります。

一昨年の中国人留学生の総数は九万四三五五人でありましたが、その一八パーセントに当たる一万六五六四人が関西に在留しておりまして、ちなみに、アメリカへの中国人の留学生数は約一六万人であります。

今、中国で一番人気のある日本人で、加藤嘉一さんという二八歳の方がいらっしゃいます。フェニックステレビ番組で多くのインタビューを受け、若い世代では最も人気のある日本人であるといわれております。彼に続き、中国の人々と対等に、媚びず、威張らず、日本人として率直な意見を述べる若い青年がどんどん増えてくることを願っております。関西学院大学と吉林大学の学術交流がより一層深まっていくことを願っております。

もう一つは観光であります。昨年度、日本から中国を訪れた日本人は三九〇万人、日本へ来られた中国人は一九〇万人、日本にだけ来られた方が一四〇万人であります。吉林省の魅力をもっと効果的にＰＲしていただきたいと思います。中国国家観光局大阪駐在事務所の活用をしていただきたいと思います。

吉林省にとって大きな話題は、ハルピンから長春、瀋陽、大連を結ぶ高速鉄道、新幹線が今年七月に開通する予定でありまして、これは全線高架であります。二〇〇七年から走っている時速二五〇キロメートルの新幹線は、これまで大きな事故を起こしておりません。このように、観光による相互の交流もより積極的にやっていきたいと思っております。

以上、ご清聴ありがとうございました。

2 進む北東アジア経済の一体化

東北亜地区経済合作的新趨勢及中日経済合作

吉林大学経済学院院長　李《り》 俊江《しゅんこう》

金融危機と北東アジア

こんにちは。吉林大学からまいりました李俊江と申します。日本の学者の皆さま、企業家の方々とこのように交流できますことをうれしく思います。

私が本日お話をいたしますのは、北東アジア地域経済の協力、ならびに日中の経済協力についてです。皆さまご存じのとおり、二〇〇八年、アメリカで国際的な金融危機が起こりました。この危機は世界に大きなショックを与えました。この危機が終わり、そのマイナスの影響は今も続いております。したがいまして、私どもは、今はポスト金融危機の時代だと言っております。

なぜ、この金融危機のマイナスの影響が今も続いているかというと、皆さまご承知のとおり、アメリカで第二次世界大戦が終わって以来、初めて、ニューヨーク市民が立ち上がったのです。ヨーロッパの債務の危機も残っております。労使関係の矛盾が激化し、ストライキも起こっております。中東地域の政治も不安定です。したがって、今、全世界は大動乱の時代にあります。

このような背景をもとに、北東アジアの地域は、もちろん国際金融危機の大きな影響を受けておりますが、二〇一〇年から北東アジアの各国の経済は非常に速やかに回復しております。また、この危機の影響から脱しております。北東アジア地域の経済協力もまた新しい変化が見られます。それについて、以下の三点を中心に触れてみたいと思います。

まず、現在の状況です。そして、新たな展開について、最後に吉林省の開発先導区でどのようなことが起こっているのかということも、皆さまにご報告したいと思います。

まず、経済発展に及ぼす金融危機の影響です。北東アジアは、東アジア経済の中心であり、またアジア太平洋、世界経済の発展のエンジンの一つでもあります。しかし、この金融危機は北東アジア地域、とりわけ日中韓の三つの国に対して、また私たちは貿易志向型の経済を実施しておりますので、極めて大きな影響を与えております。また、ロシア、モンゴルは、エネルギー、資源依存型の経済の国々でありますため、金融危機の影響をかなり大きく受けてまいりました。

中国、日本、韓国の経済状況

しかし、二〇一一年、北東アジアの経済は極めて急速に回復しております。V字型の回復を見せてきていると言えると思います。全世界、北東アジア、これらの経済で同じことが言えると思います。

図1の折れ線グラフをご覧ください。北東アジアの国々、中国以外の全世界の経済の発展とほとんど同時期に上下変動を繰り返しております。また、二〇〇八年から、極めてはっきりしたV字型の傾向が見られます。ということは、急速に経済が回復してきたということです。以前はW型とか、いろいろありましたが、

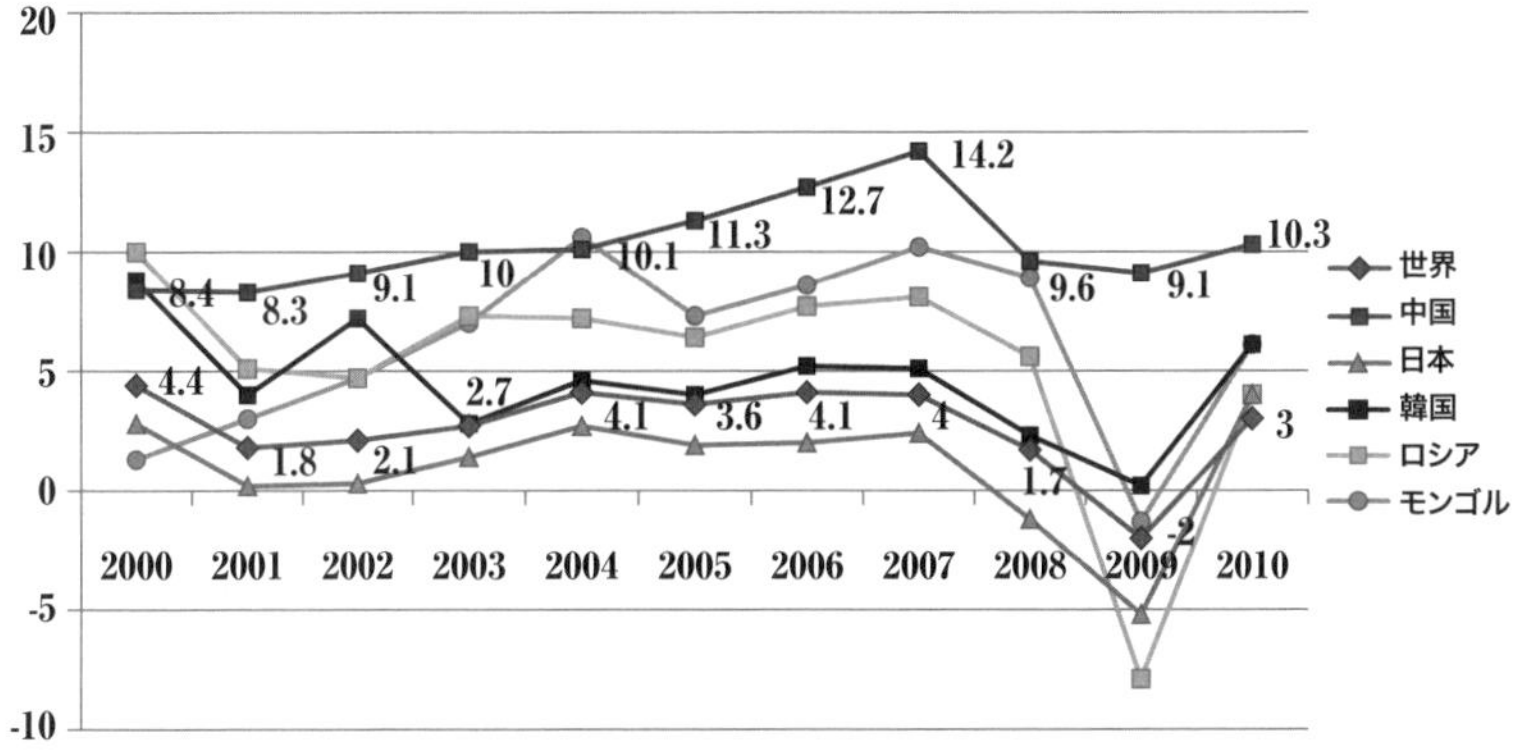

図1　世界と北東アジア各国の経済成長率

今は典型的なV字型の経済回復です。

では、中国はどうでしょうか。金融危機が勃発して、青木先生もおっしゃいましたように、中国政府は四兆元の経済投入をして、経済の発展に寄与するのだと申し上げました。また、財務政策も、以前は一歩一歩でしたが、積極政策を打ち出しました。さまざまな面での積極政策を打ち出したわけです。そして、これによって経済の下支えをしたと言えます。

二〇〇九年、九・一パーセントの経済成長を保ちました。二〇一〇年は一〇・三パーセント、昨年は少し下がりましたが、いずれにしろ、四兆元の資金を投入した後、中国の経済は成長いたしました。

しかし、その一方で、マイナスの影響もありました。つまり、投資額が多かったため、CPIの成長も大幅に増えました。ですから、二〇一〇年から二〇一一年、中央政府は多少の引き締め政策をとるようになりました。銀行も二一パーセントの準備高、これは歴史的に最も高いものですが、現在は〇・五ポイント下がりました。つまり、投資とか融資について、具体的な状況に応じて、変わりつつあるかもしれません。

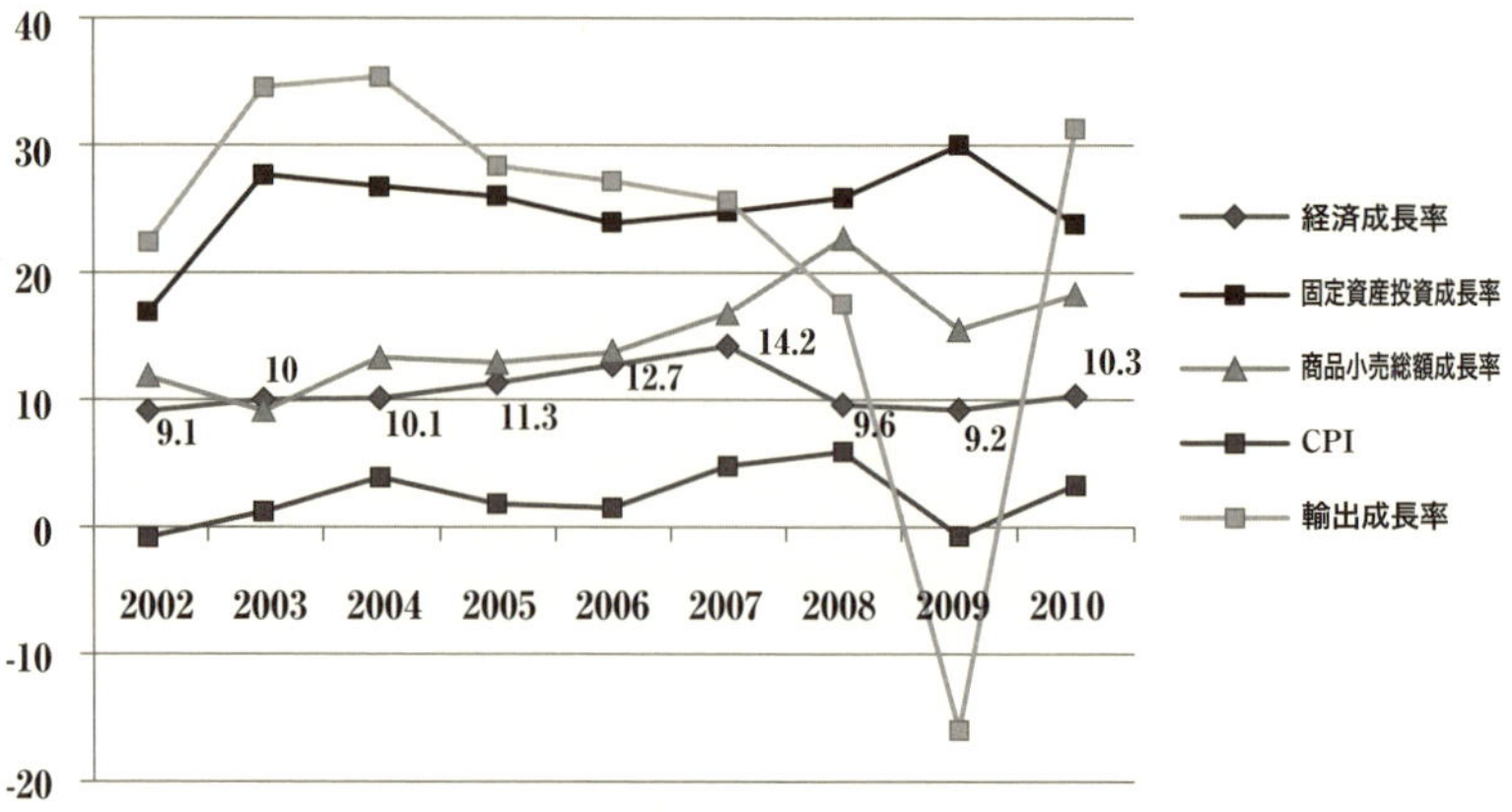

図2　中国の主要経済指標

次に日本を見てみましょう。これは皆さまよくご承知ですから、多くは語りません。ただ、金融危機の影響を受けて、日本の経済は大幅に下落しました。

このデータからわかりますが、二〇〇八年にマイナス一・二パーセント、二〇〇九年にマイナス五・二パーセントです。二〇一一年三月一一日に震度7（マグニチュード9・0）の大地震が発生し、福島原発、財産、人命が多く失われました。日本が発表したデータによりますと、直接的な損失は九兆円、これは一九九五年の阪神・淡路大震災の一・八倍です。

次に韓国の経済は、北東アジアの、中国以外のほかの国や地域よりも進んでいると思います。なぜかといいますと、一九九七年にアジア金融危機が起こり、その後、韓国は構造調整と改革に努めました。それによって危機への対応力も高まってきました。

数字を見ましょう。二〇〇九年の経済成長率は、わずか〇・二パーセントでした。しかし、二〇一〇年、ＧＤＰの成長率は六・一パーセントに上がりました。これは、二〇〇二年に最高の七・二パーセントを記録して以来、ここ八年では最高の伸び率です。

また、韓国の輸出入の競争力には非常に大きなものがありま

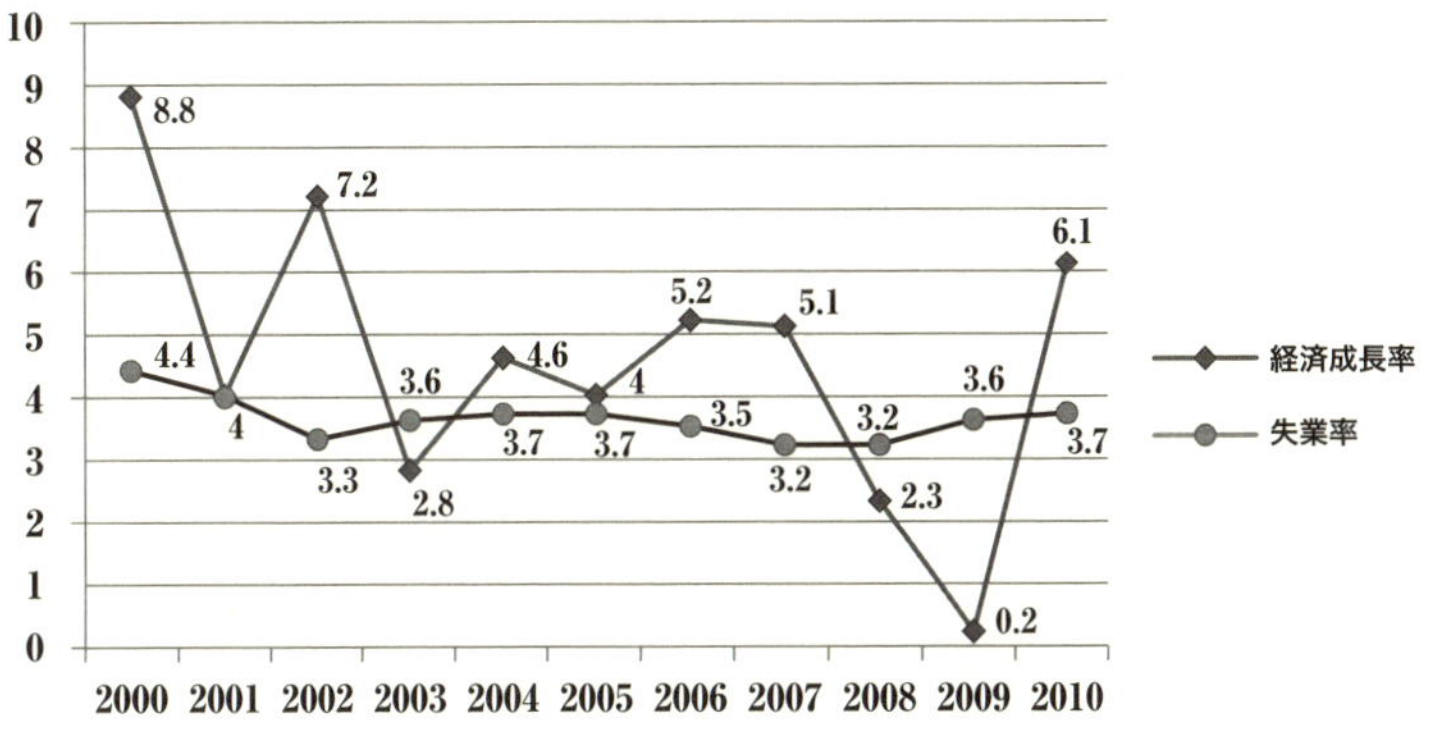

図３　韓国の経済成長率と失業率

す。自動車、造船、携帯電話、これらの産業のシェア率が高まっています。典型的な例がサムスンです。サムスンはずっと成長を続けています。

図３は韓国の経済成長率と失業率ですが、成長もやはりV字型です。

ロシアとモンゴルの経済状況

次にロシアを見てみましょう。ロシアは典型的な資源依存型の経済です。ですから、金融危機の後、国際原油市場の変動のあおりを受けています。金融危機によって、国際原油市場の需要が減りました。二〇〇九年はマイナス七・九パーセントと、経済は大きく後退しました。二〇一〇年以降、原油価格が上がりました。また、石油と天然ガスの需要が増え、輸出が大幅に増えました。これによりロシアの経済は回復することになりました。しかし、ロシアはやはり変動が激しく、失業率も高い。これが、ロシアの抱えている問題です。

ご存じのことと思いますが、三月四日、大統領選挙がありま

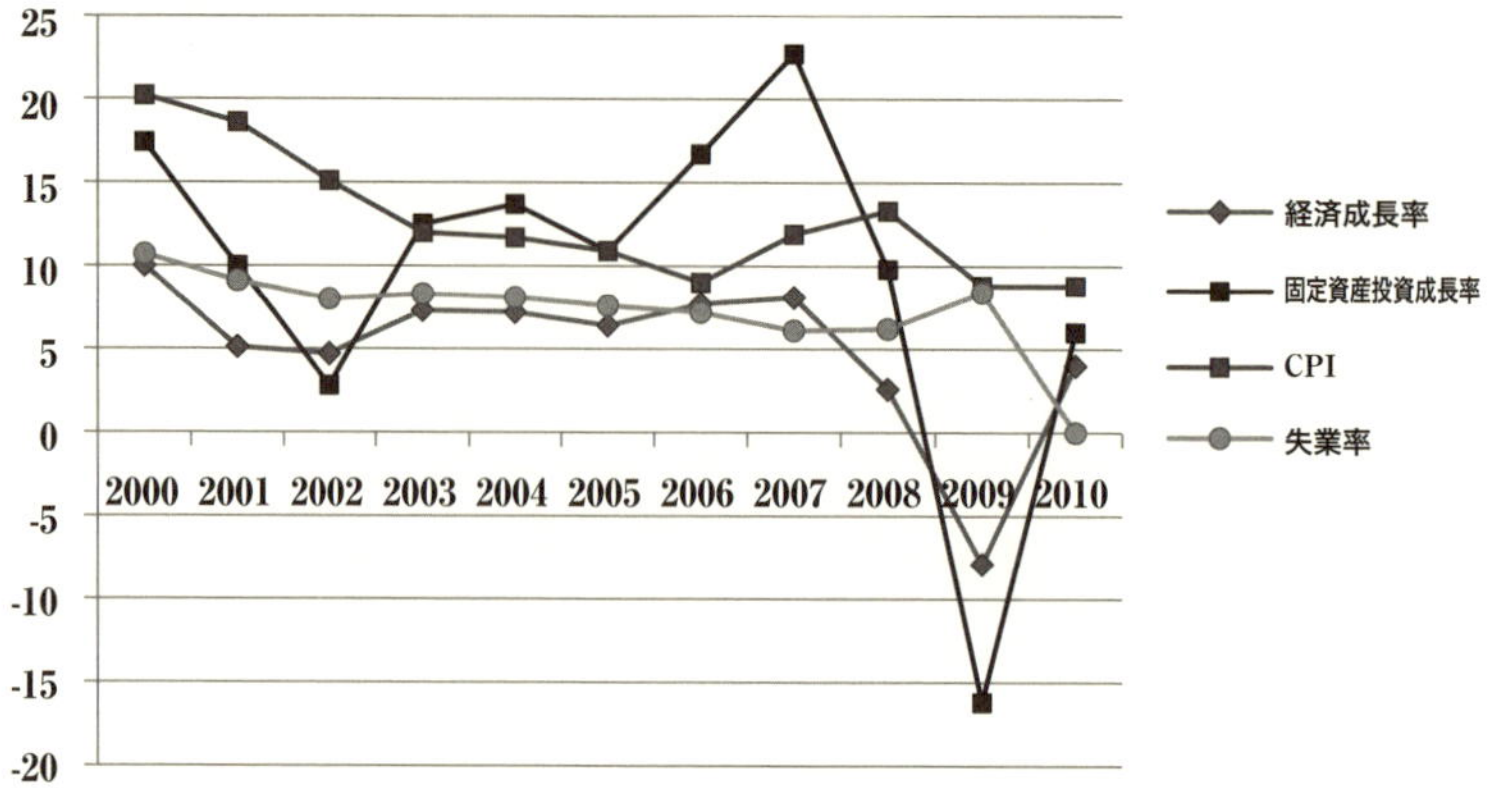

図 4　ロシア連邦の主要経済指標

す。ロシアにも考えの異なる人たちがおりまして、デモが起こっております。プーチンに対する異なった意見を持つ人がいます。例えば、インフレの問題、失業問題、人々の資質も下がっているのかもしれません。

次にモンゴルです。この国は、典型的な資源型の経済です。鉱物、牧畜を経済の下支えに、努力しております。金融危機以降、モンゴルの経済も新たな状況を見せています。確かに、モンゴルは金融危機の影響を受けております。ということは、ほかの国からのモンゴルに対する投資が減っていったわけです。そこで、モンゴルの国内経済も下落しました。

危機が終わり、二〇一〇年は六・一パーセントの経済成長率でした。その原動力は鉱物資源と輸出です。これらが回復したため、モンゴルの経済も回復しました。モンゴルにとって中国は、非常に大きなパートナーです。二〇一〇年、モンゴルの輸出の八五パーセントが中国向けです。しかし、モンゴルにも、表に出ていない失業率などに大変高いものがあります。ですから、モンゴルの経済も現在、変動の激しい時期だと言えるでしょう。

このように、北東アジアの金融危機以降の状況について、簡単

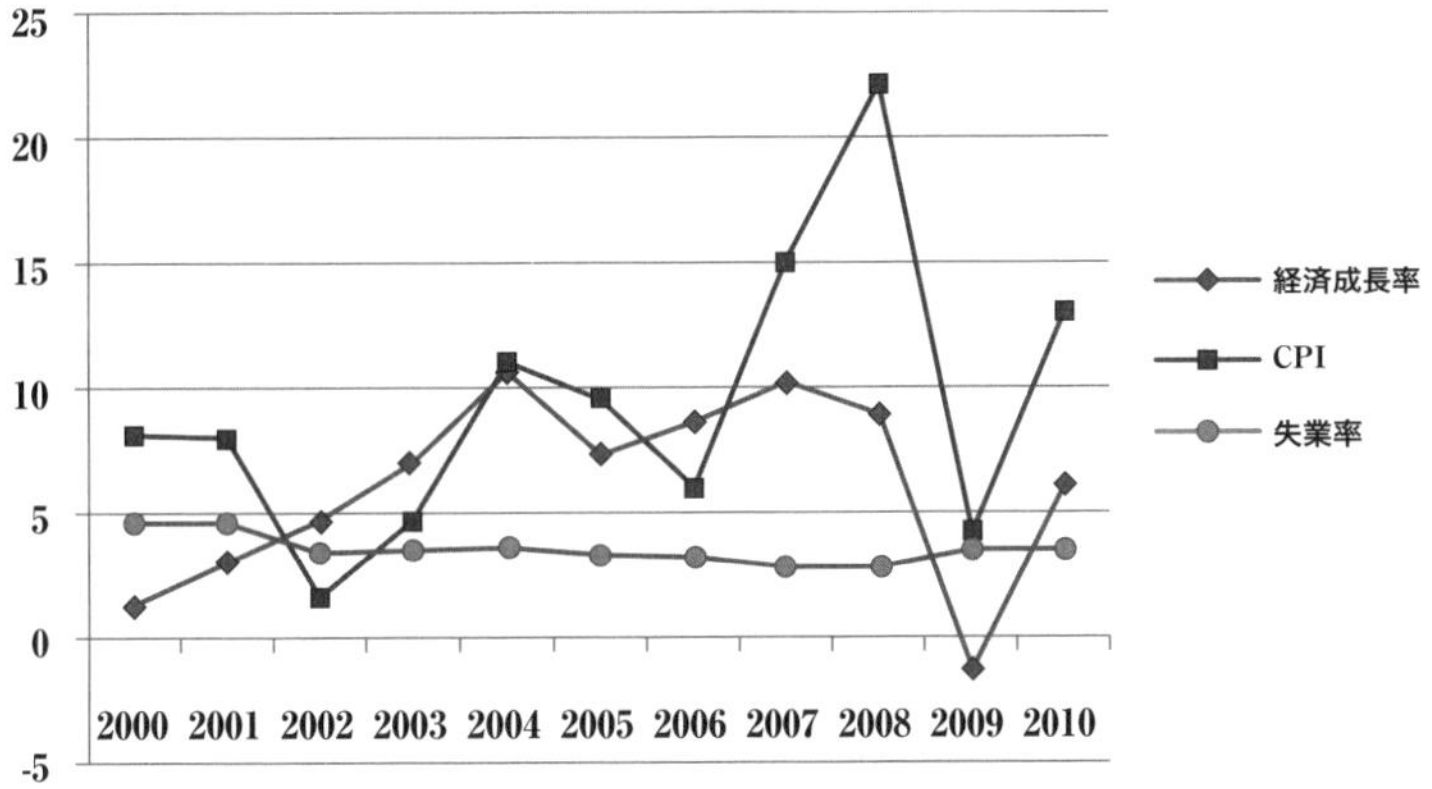

図 5　モンゴルの主要経済指標

に述べてみました。

地域経済の一体化

次に、金融危機の後の北東アジア経済協力の新しいトレンドについてお話ししたいと思います。これも簡単にまとめてみたいと思います。四つにまとめてお話をしたいと思います。

一つ目は、地域経済の一体化が始まったということです。金融危機以前は、全世界に二つの傾向がありました。一つは、互換性があったということ。例えば、グローバル化が一つの傾向です。もう一つは地域化。金融危機が全世界に蔓延した直接的な原因は、経済のグローバル化にあったという共通認識を持っているわけですから、グローバル化が自国に与える影響を考える中で、グローバル化に優位性もあれば、グローバル化が自国に及ぼす悪い点もあること、みんながそれに気づくようになりました。ですから、グローバル化だけではなく、地域化、二国間化など、たくさんの選択肢を求めなければならないことに気づきました。

では、北東アジアはどうでしょう。日中韓の自由貿易区は、三つの政府の議事項目に上り始めました。つまり、日本の学者、中国の学者、韓国の学者は早くから、日中韓が自由貿易区をつくらなければならないと言っていました。FTAです。しかし、政府はなかなか、それを認めようとしませんでした。しかし、金融危機以降、三つの国の政府は自由貿易区の関係を強化しなければならないと考えるようになりました。

もちろん、今は構想の段階です。日中韓の民間と政府がこれについて具体的な行動に移るには、まだ時間がかかるかもしれません。長い目で見れば、地域間のFTAをつくるということは経済協力の趨勢でありますが、それまでに日韓、中韓、中日など、二国間のFTAをつくること、そして二国間から三国間、例えば日中韓のFTAを進めることも必要だと思います。これが一つ目です。

二つ目には、中国東北地方の振興とロシアの極東開発との連携を模索するということです。先ほど、青木先生もお話しくださいましたが、中国の経済はここ数年、GDPの総量は既に世界第二位になりました。日本を超えました。しかし、私は個人的に思いますのは、中国の経済の実力と日本の経済の実力を同じように見ることはできません。日本が世界第二の経済大国になったとき、人口は一億でしたが、それに対して中国は一三億です。人口の基数が違います。

中国は経済発展を進める中で、幾つかの問題に直面しております。例えば、私たちは中国の経済を進める上で四つの問題があります。一つは、個人の一人当たりの収入が少ない、都市と農村の格差がある、また、国民の所得に差があるということです。地域間の格差、発展の格差がより大きくなっています。ですから、中国政府は東北地方を振興させようと、また、長春、吉林、図們江の開発先導区を開発しようと支援政策を次々と打ち出しています。私どもは、このような地域経済を発展させる構想を持っております。吉林省は、中央政府の東北地方の振興政策を利用し、そして、ロシアも極東を開発しようという政策を持っておりますので、この二つの政策を新たな機会として力を入れております。

三つ目には、中国と朝鮮の「一区両島」共同開発です。二〇一〇年一一月二三日、平壌で第六回経済貿易技術会議が開かれました。そこで、中朝の経済貿易協定に署名をしました。さらに、「一区両島」共同開発計画の協議にも署名いたしました。その協力開発についての共通認識に達しました。吉林省もこのような機会を利用しながら、朝鮮とともに「一区両島」共同開発に力を入れようと考えています。

今、朝鮮の対外政策も少しずつ緩み始めています。変わりつつあります。これを一つの機会に、より協力を深めていきたいと考えています。

四つ目は、北東アジアの各国の政府、それぞれが地方の経済発展に力を入れているということが現実にあります。中国政府はどうでしょう。先ほどから申し上げておりますように、中国政府は開発先導区を建設しようとしています。そして、図們江地域の開発、北東アジアの地域協力、また、韓国、ロシアの極東、日本の鳥取、朝鮮と地域経済の連携を図っていきたいと考えています。

これらの地域協力は、非常に互換性があるわけです。また、相対的に、それぞれの国にとって、まだ立ち遅れておりますが、これからの潜在成長力が非常に高いということが注目されます。例えば、日本の鳥取もそうです。吉林省は、中国の中部地域に属しています。これから発展するところです。ロシアの極東地域もそうです。資源は豊富ですが、まだ十分に開発されておりません。

吉林省の重点プロジェクト

三つ目の問題ですが、これは開発先導区の建設をするための重点プロジェクト、吉林省が行おうとしているものです。まずは、道路、鉄道、空港、エネルギー、水などのインフラ整備に力を入れるということです。開発先導区のインフラの向上を目指しています。

次に、重点産業の高度化を図ることです。長春には一五〇の重点プロジェクトがあります。自動車、新交通システム、列車、バイオなどです。これらに特化しています。さらに、進んだ装備業、またオプティカル、バイオ、医薬、新エネルギー、新材料、これらにも力を入れていきます。

また、これらは中央政府の支持も得ておりますので、国とともに発展させていくことができます。その中で、これからの開発に前途のある、今回まいりました企業を含む優良企業を私たちはサポートしていきたいと考えております。

そして、対外的な開発、開放ですが、これはつまり対外的なアクセスをつくっていくということです。そして、国境の橋をつくったり、税関をつくったり、道路をつくったり、また、長春と吉林の一体化、延吉・竜井・図們江の一体化、ならびに規模の拡大、後背地の強化、前線と窓口機能の強化などを図っていきたいと考えております。

最後に、日本の関西と中国の東北地方の経済協力ですが、極めて簡単に述べてみます。

一つ目は、医薬、環境、新エネルギーの技術の協力。大阪と吉林の産業には大変な大きな共通点と互換性がありますから、医薬、環境、農業などですね。

二つ目は、国際輸送アクセス航路の建設、物流や人の交流の障害を取り除くこと、また観光業を発展させること。

三つ目には、人と技術の交流、産官学の連携を深めていくということ。大阪と吉林省は人材の豊富なところです。また、科学技術の優位性も持っています。

四つ目は、地域協力のプラットフォームをつくるということ、また開発先導区を建設すること。そして、投資、貿易の博覧会というプラットフォームをつくっていく。それによって、吉林省と日本の関西、大阪の発展に寄与していくということです。

時間の関係でかなり走ってしまいましたが、以上です。どうもありがとうございました。

3 ハウス食品の中国事業戦略 カレーライスを中国人民食に

ハウス食品国際事業部長 野《の》村《むら》 孝《たか》志《し》

中国での事業

ただいまご紹介をいただきました、ハウス食品の野村でございます。本日は、ハウス食品の中国での事業戦略、展開についてのお話をさせていただきます。サブタイトルを「カレーライスを中国人民食に！」としております。できるだけわかりやすくお話ししようと思って、このタイトルをつけました。

日本では、カレーは平均月に二～三回くらい、食卓に上るメニューですから、日本の国民食であるといわれています。私たちの夢と目標は、今の日本と同じような状況を中国でつくりたいということです。それに向かって、中国事業の戦略、考え方、そして実際の活動、課題等々についてお話をしたいと思います。

中国には、図1の様に、二つの事務所（北京、上海）と三つの現地法人があります。ルウカレーとレトルトカレーの生産と販売を行う上海ハウス食品、販売会社のハウス上海商貿会社、カレー

野村孝志氏

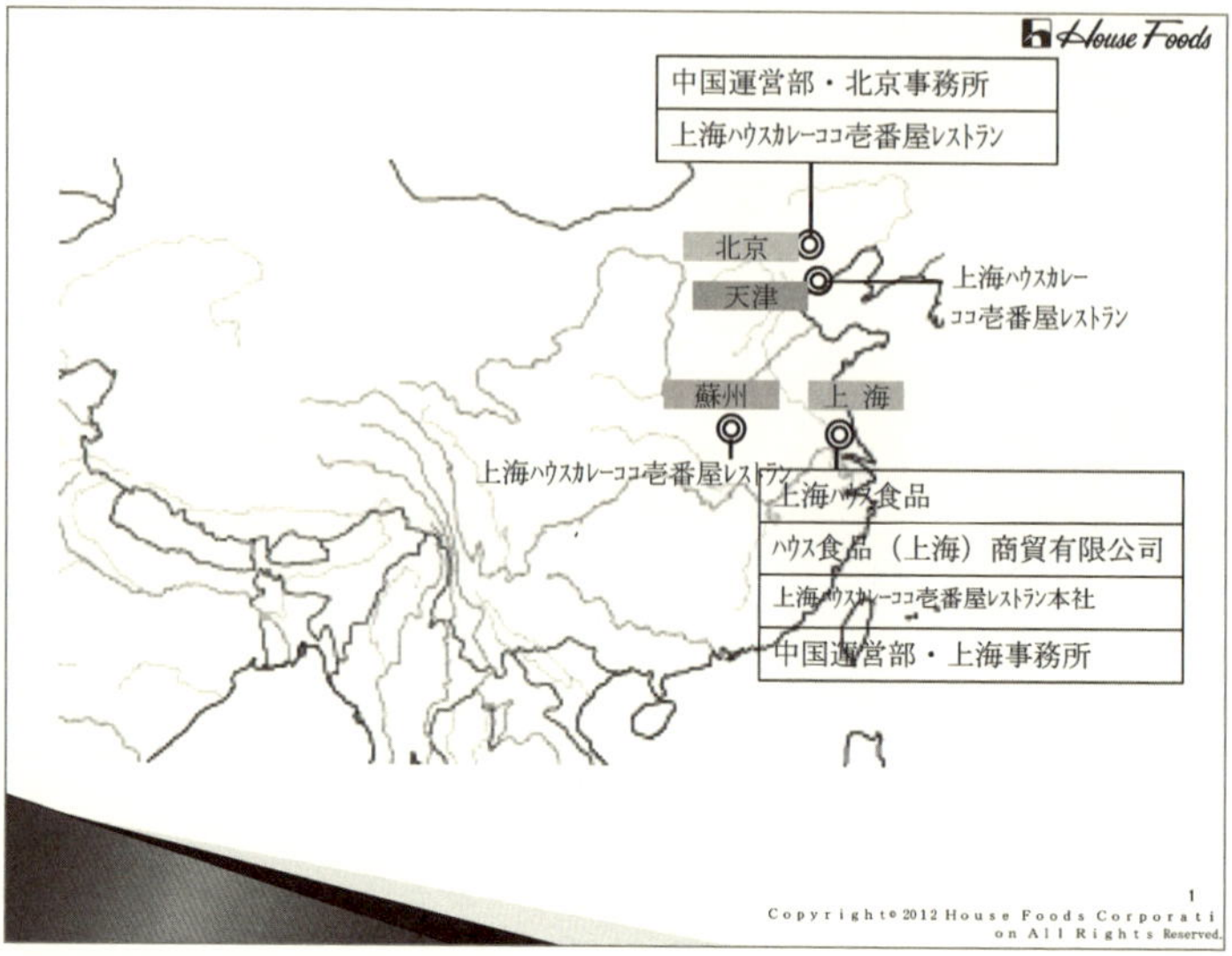

図１　中国事業拠点

レストランを二〇店舗展開している上海ハウスカレーココ壱番屋という三つの現地法人を運営しております。

中国の状況ですが、我々食品を売る側の視点では、一人当たりＧＤＰというのが非常に重要になります。中国の一人あたりＧＤＰはまだまだ少ないところですが、都市部を中心に、成長率を見ますと、中国の市場が膨大なものになっていくことは、皆さんご存じのとおりです。

中間層に注目

ここで少し視点を変えてお話をしたいと思います。我々、食品のターゲットは、いわゆる中間層です。お金持ちだけを相手にしていても成立しない事業だということが、食品業の特徴です。中間層が二〇二〇年ぐらいにどうなるかということです。中国では、一億世帯ほどの中間層が増えるのではないか、特に内陸部を中心に増えていくと予想されます。

それをインドも含めて、アジア全体で見たとき、中国の中間層というのは、実に、アジアの六〇パーセントを占めるという結果になるわけです。我々、食品産業にとりましては、これは非常に重要なことです。我々を取り巻く環境与件にはどういうものがあるかというと、やはり、内陸都市を中心に、先ほど申し上げた中間層が非常に増大していくと見ています。この中間層の増大は、大変な変化を起こします。どういうものかといいますと、食品そのものの変化が起こってきます。もう一つは、購買層が拡大していくという変化です。

二つ目は、日本がそうでありましたように、所得が拡大していくと外食ですね。ちょっとお金を持つと、外へ食べに行こうかとなります。もともと中国の方は外で食べますが、そういう意味では、外食産業と業務用市場が拡大いたします。

三つ目に、日本は残念ながら、人口減少と老齢化の中であえいでいるわけですが、特に食はその影響を受けます。今の日本のコンビニエンスストア、スーパーマーケットは中国の市場を目指して本格的な進出を始めました。これも我々にとっては、一つの機会です。

次に脅威。これも当たり前の話ですが、とにかく人件費がよく上がります。毎年、これには悩まされておりますけれども、人件費と原材料費が非常に高騰しています。

そして、競争です。先ほども、吉林省の方からお話がありましたが、韓国勢というのは大変な競争力を持って中国に入り込んでいます。この変化は避けられないという認識を持っております。

国民食に向けて

それでは、我々、ハウス食品はどういう事業拡大をしていくのかということを、今回はポイントのみお話しします。現在、日本式のカレーを普及するために、知っていただく活動をしています。次に、カレーを中国の国民食に向けてというところで展開をしてまいります。将来的には、我々は総合食品事業、これは後ほど説明しますけれども、中国の皆さんのお役に立つような製品づくりをして、中国の皆さんに貢献できるような総合食品化をしていく。こんなステージを考えています。

まず我々はカレー事業を深耕してまいります。カレーというメニューは、中国では全く未知のメニューでした。それをどうやって中国の皆さんに普及、浸透させていくかというところですけれども、それは後ほどご説明したいと思いますが、さらなる深耕をして、国民食へ向けてやっていくということです。

次に業務用です。業務用ソース、特に洋風ソースについては、中国でナンバー1になりたいという夢を持っているところであります。

そして、内陸都市。中国には一三億の人口がありますので、内陸といいましても、どこにターゲットを置くかが大変難しいところですけれども、我々は吉林省も最重点エリアという位置づけをして、現在、取り組んでいるところでもあります。

あと、我々ハウス食品は「ハウスフーズチャイナ構想」を組み立てて、現地での事業を推進する力を強めるかたちに持ち込んでいきたいと考えています。人材の現地化も含めて、現地の人で完結できるようなやり方にしていきたいと考えているところです。

次に、カレー事業の中国でのポテンシャルを見てみたいと思います。現在、台湾でハウス製品の売上高がありまして、台湾の皆さんに食べていただいている額、それを台湾と同じ状況を中国でつくったとき、どれくらいの金額になるかというと、六〇〇億円ぐらいになるということです。ちなみに、台湾で一人当たりが食べるカレーの量は、日本の三分の一ぐらいだということですので、まず、このレベルまでは持ち込めるのではないかと思っています。

我々が中国へ入ったとき、まずカレーのメニューをご存じないわけですので、どうしたかといいますと、レストランをつくりました。そこで数年にわたって事業性の確認をしたわけですが、まずカレーというメニューを知っていただくためにレストラン展開から始まりまして、もちろんスーパーマーケットでの販売、業務用の開拓もありました。

そういうことを強化してまいりましたけれども、今後は原点に帰って、カレーとは何かという啓発活動ですとか、料理教室、業務用の展開というところをもう一度、強化してまいりたいと考えているところです。

事業のサイクルと拡大

我々が中国事業のサイクルをどう回していくかということですけれども、先ほど言いましたように、レストランの展開をしますし、スーパーマーケットでの販売もいたします。そして、学校とか幼稚園といった、幼年期における食体験をしてもらう。そして、青年期の学校、職場も含めて、外食産業等々、このサイクルを絶えず回していくところがポイントであります。

今後、製品を開発していくときに、どういう視点で考えるかということですけれども、一つは、食習慣を変えるというのは大変難しいです。カレーをやっていて、つくづく思います。そうなりますと、火鍋とか、麻婆豆腐、中国の方になじみのある製品の中に我々の技術を入れてつくっていくという一つの方向。二つ目は、カテゴリーというのが中国語で訳しにくいんですが、一つのカテゴリーを広げていく。カレーをやっているから、シチューもやろうという認識でいいと思います。

そして三つ目は、カレー周り製品をさらに拡大していく。四つ目は、中国から世界へと考えています。今、中国は世界の工場から世界の消費地に変わったという話が多いですけれども、我々は、まだ輸出ということも考えています。

レストランとカレーの普及

次に、レストランです。我々は五〇〇店舗を目指します。現在は二〇店舗でありますけれども、ポテンシャルとしては、日本のココ壱番屋というのは、一〇万人に一店舗ございます。五〇〇店舗というのは、二〇〇万人に一店舗の割合ですので、実現可能な店舗数だと思っています。

時間の関係もありますので、ポイントだけをお話しさせていただきます。

上海ハウス食品は、上海の嘉定というところで、ルウカレーを製造しています。

これらが製品です（図2）。左の「百夢多」というのは、日本でのバーモントカレーです。あとは、ガーワンカレーとか、業務用のジャワカレーなどです。ちなみに、家庭用と業務用のウエイトは七対三で、家庭

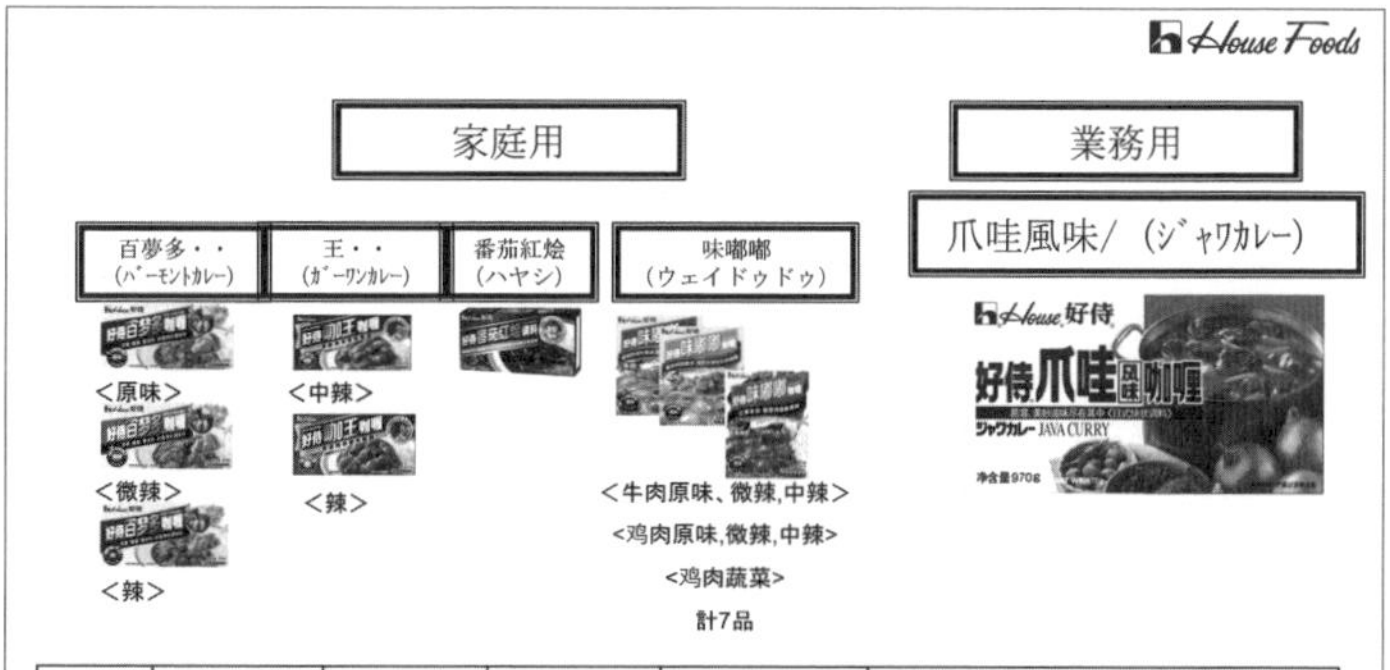

標準的な店頭価格	7.8元（約101円）	7.9元（約103円）	7.9元（約103円）	6.9元（約90円）	—
容量	100g（3～5皿分）	90g（3～5皿分）	100g（3～5皿分）	200g 1人分	970g

図 2　販売製品

用が七であります。

「百夢多」カレーは、中国で初めて製造して販売した製品です。日本式のカレーをベースにしておりますけれども、入念に調査をしました。相当長い時間をかけて味覚調査をしまして、中国の皆さん方が好む味を取り入れているということと、カレーの色そのものも、中国人の嗜好に合わせた製品にして展開したということです。日本のベースを中心にしながらも、中国色を取り入れていったということです。

先ほども申し上げましたように、未知のメニューですので、これをどのように食べていただくか、トライ購入をどうするかというのは、大変大きな問題でありました。広告も、販促活動、啓発活動もやりました。

これは売り場の様子です（図3）。こういう売り場をどう確保するかに相当の工夫をいたしました。

図4は、メニューを知っていただくために、肉売り場、野菜売り場など、関連する食材の売り場に我々のカレーを置いたという事例です。

図 3　製品認知と理解の促進

図 4　製品認知と理解の促進

試食販売も製品をご理解頂く為の重要な方法です。実は、試食には大変苦労いたしまして、何度つくっていただいても、日本式のカレーがつくれないんです。ジャガイモの切り方、タマネギの切り方、全く違いまして、何度も教育をするんですが、試食を作る方が正しくつくれるようになるまで、二年、三年とかかったということです。今は、上手につくれるようになりました。

工場見学も行っています。小学生の皆さんをお招きして、工場を見学していただいて、試食していただく。子どもさんがお皿をなめる光景が見られるのですが、これは一般的な風景です。食べ方もわかりませんので、必ずお皿をなめる子どもたちがいて、ほとんど全員がおかわりをしております。

親子料理教室では、親子さんをお招きして、料理をしていただきカレーメニューへの関心を高めて頂きます。

食習慣とカレー

現在、華北地区で我々のカレーは五〇パーセントぐらいのウエイトです。

北京の方は、ご飯にものをかける習慣がありますが、上海ではそういう習慣がありませんので、日本のカレーのようにご飯の上にものをかける習慣がないところ、逆に、お米を食べるエリアや、麺類でありますとか、文化が違いますので、それぞれの文化の中で。ちなみに、私が吉林へ行ったときに驚いたのは、大きなお皿にいっぱい料理が出てきて、食べきれないほどの料理を出していただいた経験があります。中国の中でも、一番たくさんの料理が出てくるのが吉林省ではないかと思った経験があります。

大手コーヒーチェーンのカレーパイですとか、コンビニエンスチェーンのカレー弁当などにも使用頂いております。

工場の給食への普及にも注力しており、お声を掛けていただきますと、うちの現地の社員がお伺いして、企業ごとにご指導をしながら、メニューに入れていただいております。

カレーは、子どもにとっては栄養バランスがいいということと、子どもが大変喜ぶということ、そして調理が簡単であって、中国産の野菜等具材が選べるということで、ベネフィットの大変高い製品です。

そして、リピート率としては、一度、買っていただくと六〇パーセントぐらいあるという、大変リピート率の高い製品ですので、冒頭に申し上げたように、国民食になる大きな可能性があるということです。

さまざまな課題とサービス重視

課題です。申し上げましたように、トライをどう拡大するか、日々、先ほど申し上げたような活動を継続してやっております。そして、内陸都市に対してどうするか、強化をしていくということです。それと、あと、業務用の強化と人材の確保ということです。

時間が押しておりますので、レストラン展開については簡単にお話しします。

現在は二〇店舗です。来店者数は、一年間に二〇〇万人ということです。上海に一五店舗、天津に三店舗、そして北京と蘇州に一店舗ずつです。

現在、九〇パーセント弱が、中国人のお客さんで、現地化となっております。そのうち、女性が八〇パーセントぐらい、二〇代、三〇代の方です。

メニューです。選ぶ楽しみ、トッピングとか辛さ、ご飯の量を選ぶ楽しみがあるということです。中国の方に喜んでいただけるメニュー、若い人に喜んでいただけるメニューで、バラエティー豊かにしたり、現地の食材や味覚を取り入れたメニューにしています。

また、非常におしゃれ感のある内装にしています。一人平均が四〇元強の平均単価ですので、中国の皆さんにとっては、まだまだ高い食べ物でありますので、サービスとか品質などを加えて、お客さんに価値を認めていただくレストランとなっております。

中国での事業に関して少しだけコメントをしますと、家賃が高いです。フードコストと労働力コストについては、そうでもないんですが、家賃費が非常に高いということで苦労しています。家賃費をどうマネジメントをするかがポイントです。

そして、最大の課題である人材の育成です。今日来られている学生さんの中で外食に興味のある方がいらっしゃれば、ぜひご連絡いただければと思います。

最後になりますけれども、カレーの普及のためには、まだまだ課題が山積しております。先ほど申し上げたように、地道な、継続した活動をやることで、課題を一つずつ解決しながら、中国の国民食にしていくのだということで、我々としてやっていかなければならないと思っております。

最後になりますが、私は個人的に、二〇年前から、一人で内陸部に入り続けております。吉林省の延吉には一週間ほどいたこともございます。白頭山に登りに行ったりしております。私は個人的に中国が大好きで、好きになれば不思議なもので、何としてもやっていこうという希望が出てくると感じています。好きだということだけではなく、もちろん会社の仕事としてやっているわけですけれども、中国の方のお役に立てる仕事をしてまいりたいと思っておりますので、今後ともよろしくお願いいたしまして、私の講演の締めにしたいと思います。

ありがとうございました。

4

吉林省への投資　大きい余地

中国対外貿易的発展　現状与中日経貿関係

吉林大学経済学院副院長　李《り》　暁《ぎょう》

中国の対外貿易

再び大阪の地に来て、日中経済社会発展フォーラムに参加できることを大変うれしく思います。皆さまにご報告したいのは、中国の対外貿易の現状、ならびに日中の経済関係です。

全体的に見て、一九七九年から始まったわけですが、中国の貿易状況は、図1の折れ線グラフでご覧いただけると思います。

李　暁氏

二〇〇一年にＷＴＯに加盟しました。その後、中国の貿易の成長は、このような状況です。とりわけ、図1の二〇〇一年のところ、このあたりから中国の貿易は急速に伸びております。そして、また、これは輸出の構造と関係があります。原材料とか機械製造の比率が高くなっています。昨年の八月まで、一九九三年の三倍から四倍にまで増えております。

輸出だけではなく、輸入の構成も変わりました。原材料、鉱

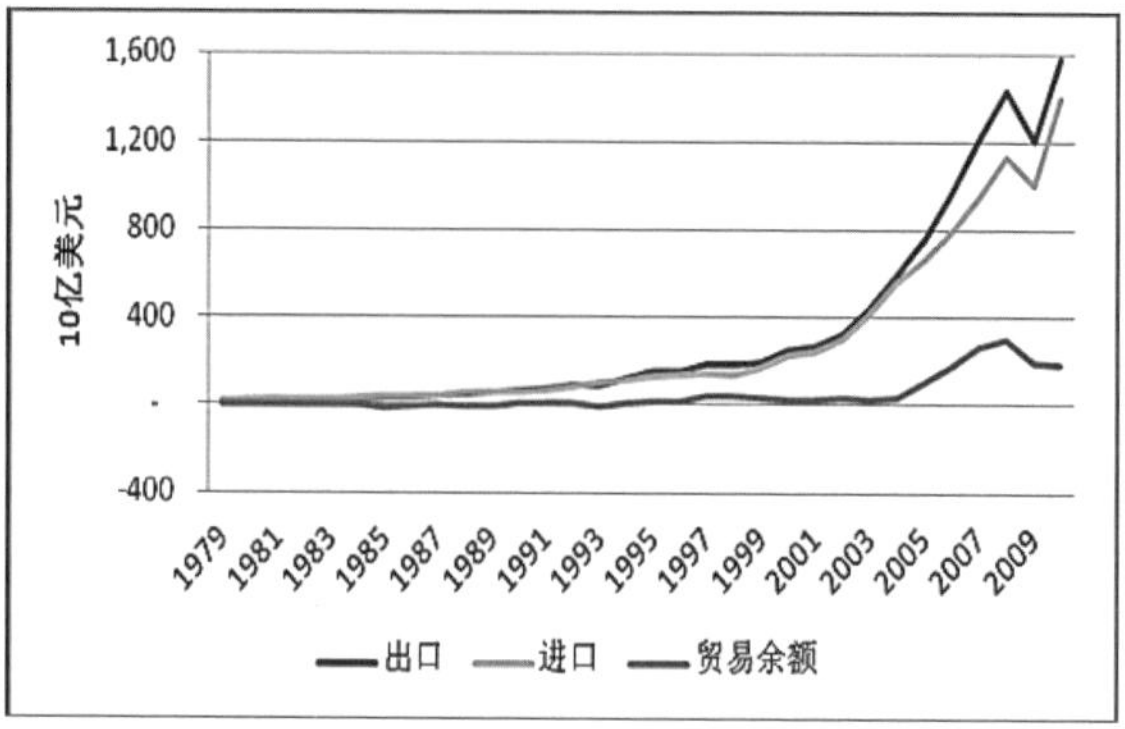

资料来源：CEIC中国数据库。

図1　中国の対外貿易の成長状況

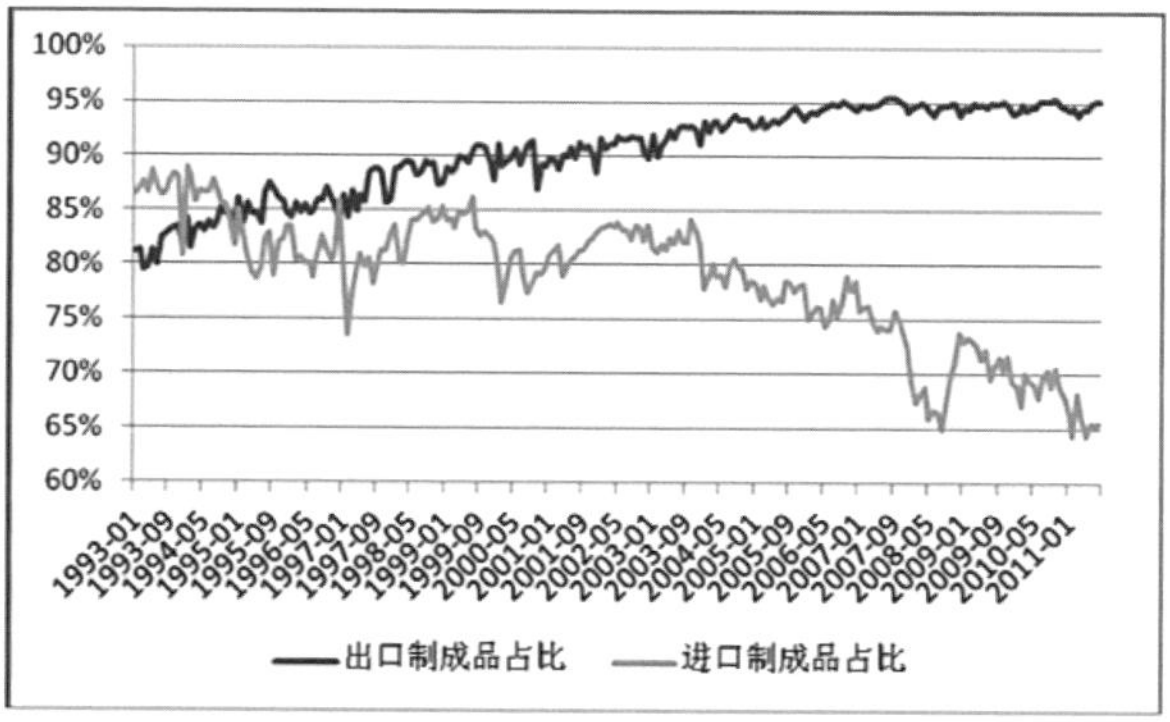

资料来源：CEIC中国数据库。

図2　中国の輸出入の製品が占める割合の変動

物、エネルギーの輸入が増えております。製造業、機械設備の輸入は以前に比べて少なくなりました。これも中国にとっては大きな変化でしょう。図2で、その違いを理解していただけると思います。今、輸出は九五パーセントで、輸入は下がっております。それでも、製造関係のものでは六五パーセントです。

中国の貿易依存度は、まだまだ高いと言えます。国際金融危機が起こって、少し下がりましたが、それは中国自体が変わったということではなく、外部の要因が変わったということです。ですから、中国は今もなお健全であります。

これは、主な大国の貿易の依存度を比較したものです。現在、中国の対ロシア、インド、アメリカ、日本との貿易依存度をこれでご覧いただけます。

なぜ私たちの貿易依存度がこれほど高いのかと申しますと、中国はアジアの輸出の中心であります。そこで、中国はハブ的な役割を果たしていると言えるでしょう。

では、中国の経済はどれだけの寄与をしてきたかということですが、ＧＤＰを引き上げるのは、まず投資、そして消費の需要、そして輸出などがあります。この三つが中国のＧＤＰ成長率を上げているわけです。相対的に見て、徐々に上がっています。輸出と輸入を全体的に見て、この三〇年間、平均七パーセントです。

そして、これは政府の投資とも補完関係があります。中国の輸出が少ないときには、政府の投資が増えています。これも中国の一つの特徴と言えるでしょう。

では、中国の貿易額。中国は、ヨーロッパ、アメリカなどに対する貿易黒字によって、日本を含めたアジア諸国の赤字を補っていると言えます。例えば、中国の統計では、日本に対し大きな赤字となっています。

この赤字と黒字の関係、日本では香港経由のものも中国としてデータに入れているようですので、数値が中国と日本は違うかもしれません。

貿易黒字と加工貿易

では、中国のトップ6を少し見てみましょう。

主に輸入しているのは、日本、韓国、台湾、アジアの国々からです。そして輸出は、アメリカが一番です。中国の貿易黒字の都市ですが、主に沿海地域です。つまり、対外貿易、加工貿易を行っているところです。中国の産業構造は、人民元のレートが変わることでいろいろな変化がありますが、これらが貿易黒字になっている都市です。

中国の輸出企業は外資企業が中心です。加工貿易が中心です。輸出企業のうち国有企業の比率は、低くなっています。利益率が低いところから撤退しています。民営企業は増えていますが、外資系企業が五〇パーセント以上を占めています。

次は輸入を見てみましょう。輸入も同じです。やはり外資系企業が五〇パーセント以上を占めています。民間企業も増えています。しかし、国有企業は輸入の面で今も高い比率、三〇パーセントを占めています。つまり、国有企業は利益率の低い輸出からは撤退しておりますが、資源、エネルギーの輸入については、国有企業は重要な役割を果たしていると言えます。例えば、中国石油化学などは一〇〇パーセント国有企業ですから、輸入に特化しています。

さらに、加工貿易の比率は、輸出も輸入も上位を占めています。輸出は五〇パーセント以上を占めています。これは、中国の対外貿易の一つの特徴と言えるでしょう。

貿易動向へ影響する要因

一つの国の貿易に与える影響は二つあります。一つは、国内外の需要です。外需が増えているということと、輸出が増えていることは正比例の関係にあります。外需が増えるから、中国の輸出が増えるわけです。外需が少なくなると、中国の輸出も減っています。

これもやはり、互いに関係があります。人民元との関係もあります。

輸入も同じです。やはり内需と輸入も正比例の関係にあります。

輸出も輸入も、ある時期においては反比例する場合があります。例えば、必要な鉱物や石油など、どうしても必要なものは国の政策として輸入しています。ですから、時には反比例する場合もありますが、輸入にしろ、輸出にしろ、やはり内需、外需と関係があります。需要が中国の輸出入に大きく関係しています。

そして、為替レートの影響はそれほど大きくありません。例えば、弾力性を考えて、人民元が一上がると、中国の輸出に〇・三の影響を与える。やはり、大きいのは外需です。外需が輸出入に影響を与えています。価格以上に影響を与えています。

全体的に見て、二〇一二年の中国の貿易の発展の趨勢ですが、二〇〇八年から二〇一二年までの貿易黒字は、およそ一〇〇〇億米ドルの差があります。これは、徐々に下がっています。これには、たくさんの原因があるでしょう。ここで一つ一つを説明することは避けたいと思います。中国政府の政策によるものが大きいと思います。

貿易黒字が下がるということは、外貨準備の増加に歯止めがかかります。今、外貨の準備高が増えると、さまざまな影響があるわけですから、リスクも多くなります。ですから、輸出還付税とか、そういう形をこれからはとらないと思います。

また二つの構造調整政策があります。その一つは、サービス産業を発展させ、国有企業の独占を排除するということ。二つ目は、消費を増やすこと、消費によって経済成長を促進すること。これは、外国にとってはそれほどいいことではないかもしれません。例えば、人件費も上がっているかもしれません。しかし、私たちは人件費をそれほど落とすことはできません。三つ目には、生産要素市場の市場化改革です。

日中の貿易関係

次に、日中両国の二国間貿易の推移についてお話ししましょう。

二一世紀に入り、貿易額は非常に大きな伸びを示しております。二〇〇九年に少し下がりましたが、そのほかはすべて増えております。今、三〇〇〇億です。中国から日本への輸出と輸入はどんどん増えております。輸入と輸出の差が大きくなっております。

中国の主な貿易パートナーですが、ＥＵ、アメリカ、日本、韓国。相対的に見て、多元化の傾向にあります。つまり、どこかの国にだけ依存することはありません。これが一つの特徴でしょう。

表 1　中国の対日本貿易商品の構造

	出口			进口			贸易总额		
	2009	2010	2011	2009	2010	2011	2009	2010	2011
电机、电气、音像设备及其零附件	186	270	302	368	450	481	554	720	783
核反应堆、锅炉、机械器具及零件	168	204	238	235	398	457	403	602	695
车辆及其零附件（铁道车辆除外）	23	29	33	102	155	168	125	183	201
光学、照相、医疗等设备及零附件	28	38	50	107	142	162	135	181	212
塑料及其制品	24	29	37	79	106	114	102	135	151
钢铁	8	17	32	84	101	108	92	119	140
针织或钩编的服装及衣着附件	87	94	109	0	0	1	87	94	110
有机化学品	17	23	30	63	69	80	81	92	110
非针织或非钩编的服装及衣着附件	81	84	103	1	1	1	82	85	104
钢铁制品	19	22	32	24	26	28	43	48	61

注：单位：亿美元。
资料来源：中国国研网数据库。

では、日中の貿易関係はどうでしょうか。これは二〇一〇年のデータです。中国が日本との輸出入でどのような役割を果たしているかということですが、中国の対外貿易の中で、日本は輸出で三番目、輸入で一番目の貿易相手となっています。中国は、日本の対外貿易の中で、輸出も輸入も一番です。ですから、お互いに非常に大きな依存度を持っているということです。

次に、両国の貿易依存度は変わっています。二〇〇九年、中国の統計と日本の統計は違うかもしれませんが、これは中国対日本、日本対中国の貿易依存度の違い、この依存度はこれからどんどん変わっていくかもしれません。いずれにしても、依存度はより高くなっていくということです。

次に、中国の対日貿易の商品構造（表1）です。一次産品であっても、また高級製品であっても、いずれにしろ増えております。全体的に見て、中国の対日貿易は増えています。例えば電気、電気関係の機械、音響効果など、また、それに対する部品など、いろいろありますが、やはり中国の対日貿易の商品構造は変わってきております。つまり、中国の生産

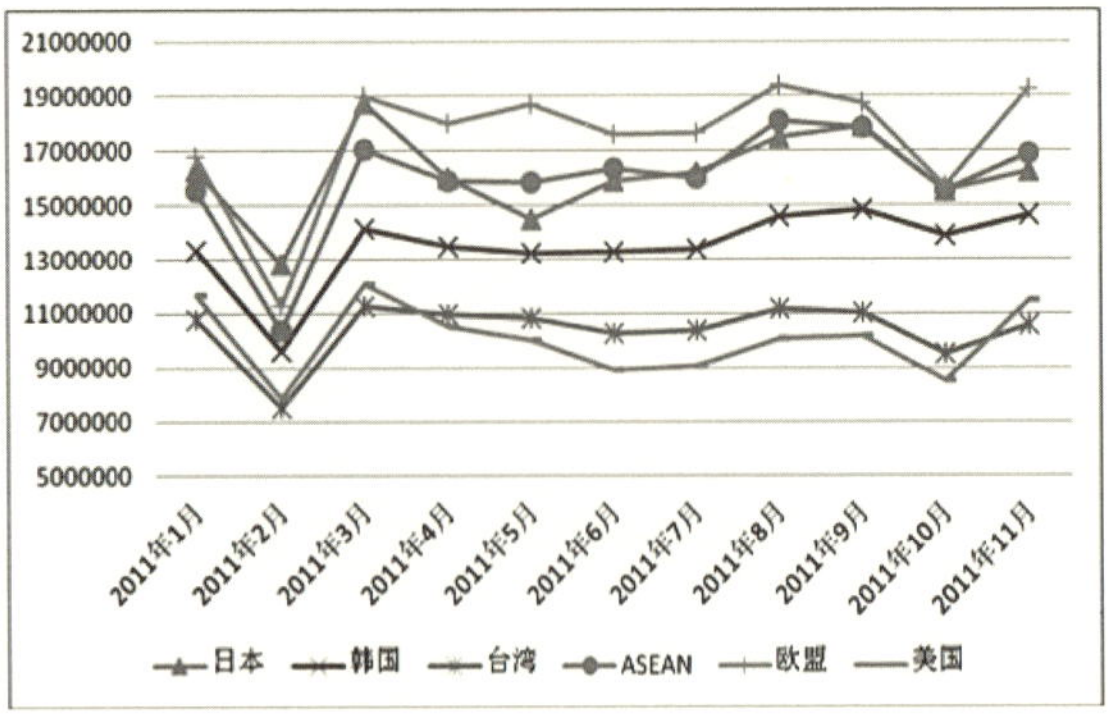

资料来源：中国商务部和海关总署各月统计。

図 3　2011 年 1～11 月中国の主要貿易相手国への輸出動向

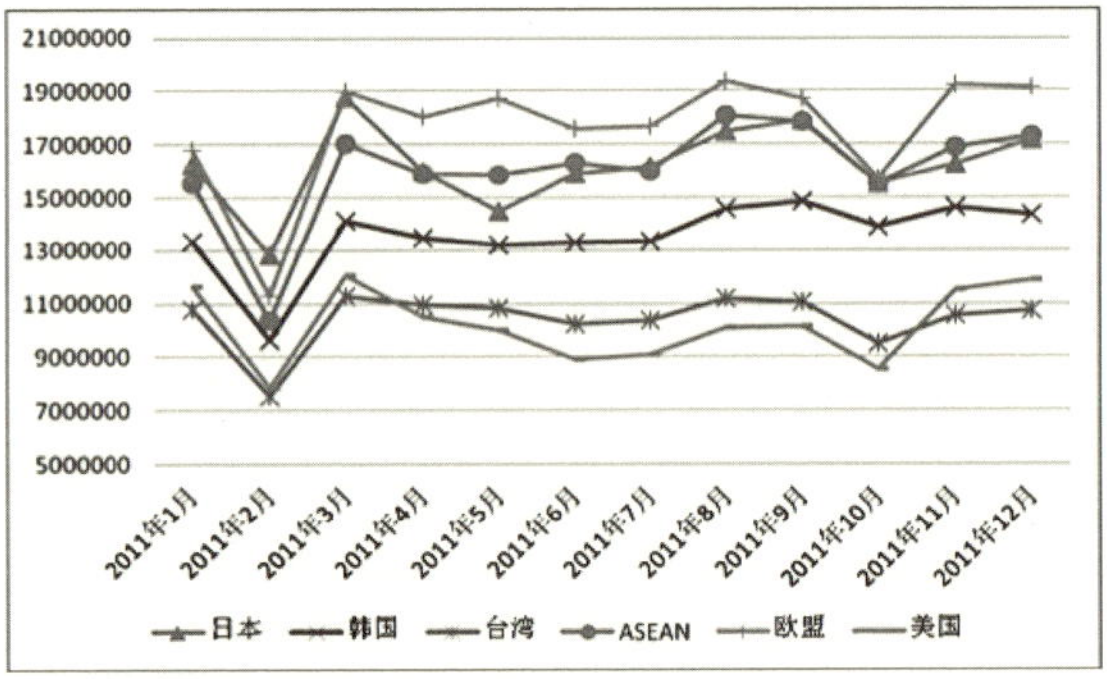

资料来源：中国商务部和海关总署各月统计。

図 4　2011 年 1～12 月中国の主要貿易相手国からの輸入動向

とです。

のレベルが上がっているということ、生産レベルが上がっているから商品構造にも変化が見られるということです。

では、二〇一一年の一月から十一月の輸出の推移（図3）をご覧ください。昨年の三月、日本で地震・津波が起こりました。それによって、日中がお互いに影響を受けました。しかし、それは非常に短期間で終わりました。五月からは元に戻ったと言えるでしょう。

輸出もそうですし、輸入（図4）もそうです。三月から五月まで下がりましたが、五月以降からはすぐに回復しました。いずれにしろ、影響を受けた期間は、それほど長くありません。それほど大きな影響をお互いに受けたということはありません。それは、日本の地震が中国の武漢、広東、天津に少し影響を与えましたが――とりわけ湖北省にホンダがあり、広東にもホンダがあり、自動車関係、電気関係の、例えば部品の輸出が影響を受けましたが――全体的に見て、それほど大きな影響はなかったと言えます。

日本の対中投資

では、日本の対中投資、また日本企業が中国でどのような状況にあるのかを図5・6のグラフで見てみましょう。幾つかのブームがありました。二〇〇八年、二〇〇九年、二〇一一年、国際金融危機の後、日本に四回目の対中投資の増加がありました。とりわけ二〇〇九年以降、非常に速い速度で増えました。総投資額も増えました。非常に目覚しい増加がありました。

主な国と地域、その推移ですが、二〇〇八年、台湾の大陸に対する投資は日本を超えました。しかし、こ

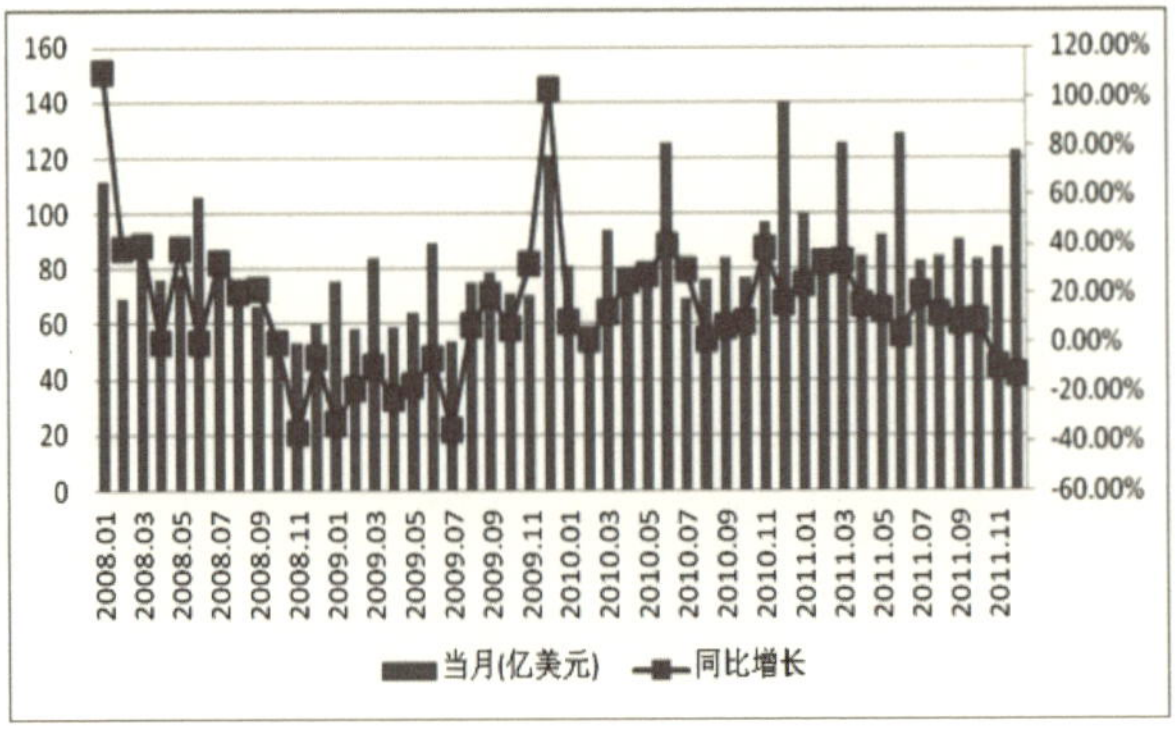

资料来源：中国商务部。

図 5　日本の中国への投資と在中国日本企業の発展状況

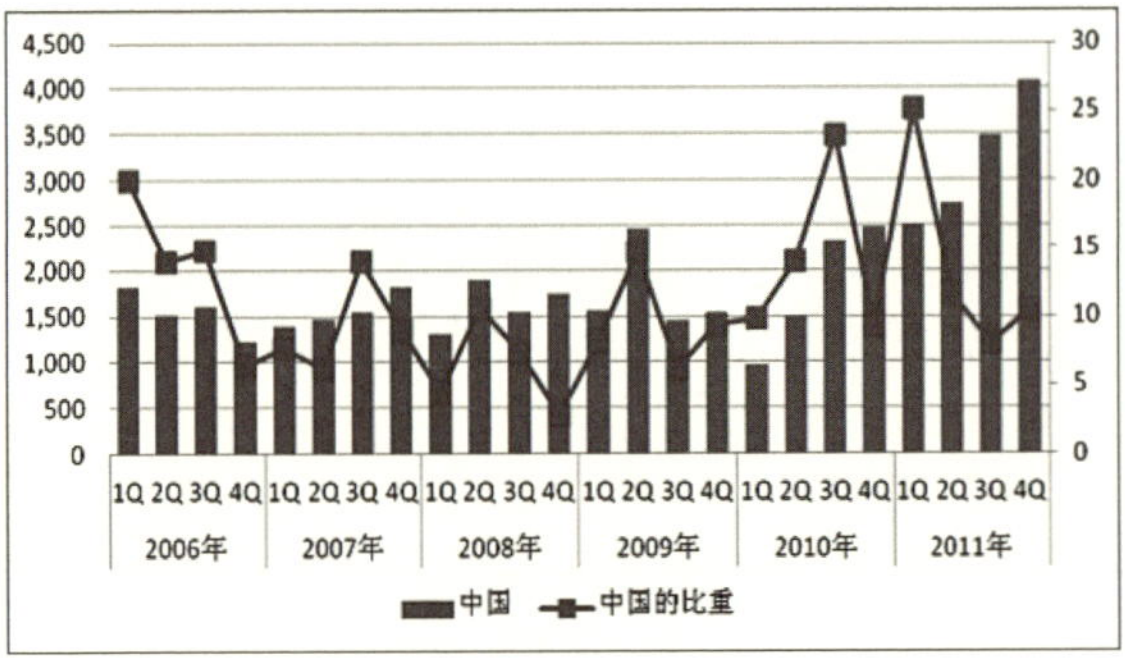

注：亿美元；与中国商务部统计发布的外商直接投资实际投入额有出入。
资料来源：JETRO 。

図 6　日本の中国への投資とそれが日本の対外投資全体に占める割合

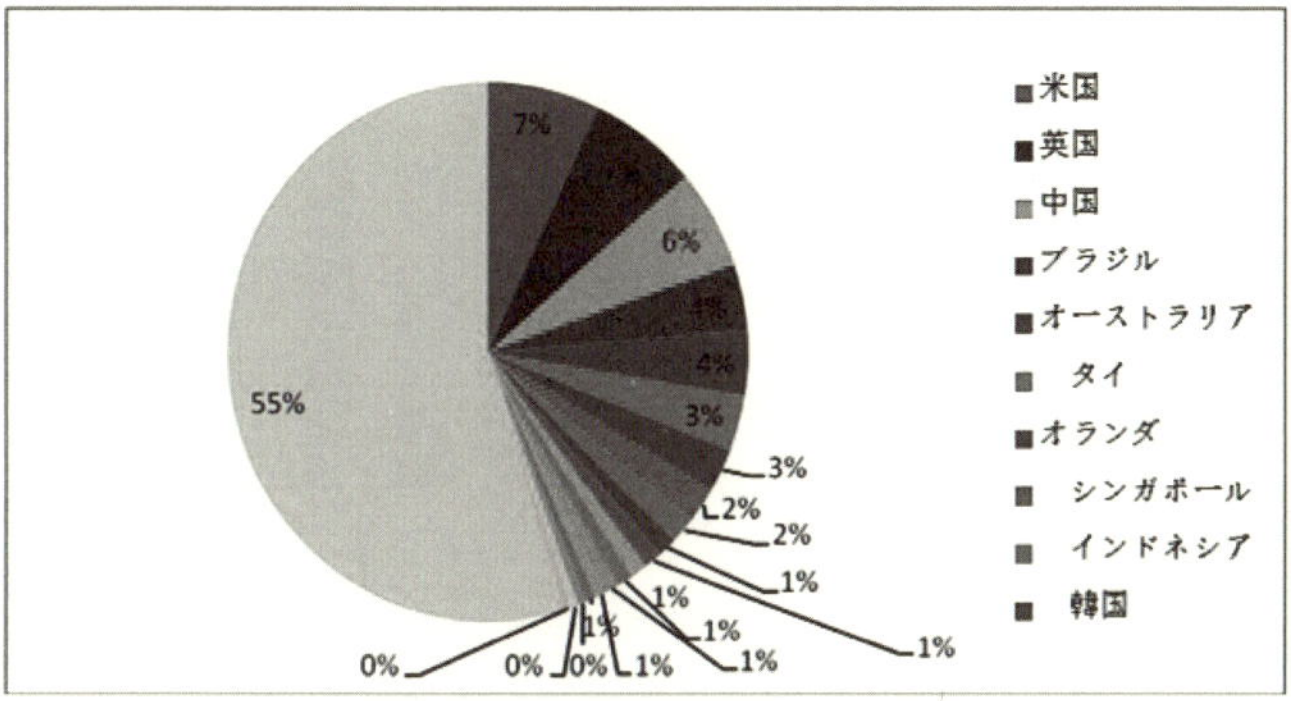

資料来源：日本JETRO。

図 7　日本の対外直接投資の各国の割合（2011 年）

れは二〇〇八年から統計の基準が変わったためのもので、実際投資額ではなく、契約した投資額で統計したものです。実際の投資額という面では、やはり中国にとって、日本が最大の投資国と言えます。

日本の対中投資は非常に高いと言えます。一〇パーセント、昨年の第3四半期からの状況が、この図で見られます。しかし、下落も一〇パーセントから七~八パーセントへと下がりました。ということは、金融危機の影響を受けて、日本の貿易が保身に陥っているということも、この図からご覧いただけるでしょう。

図7は、昨年、日本の対外直接投資の比重ですが、中国は六パーセント、アメリカ、イギリスは七パーセント、いずれにしろ、その他の国よりも多いということです。やはり、中国は日本にとって非常に大きな比重を占めていることが言えるでしょう。

では、日本の対中直接投資の利益ですが、図8は昨年の第3四半期までのもので、まだ第4四半期は計算しておりませんが、いずれにしても、二〇一〇年と二〇一一年は同じレベ

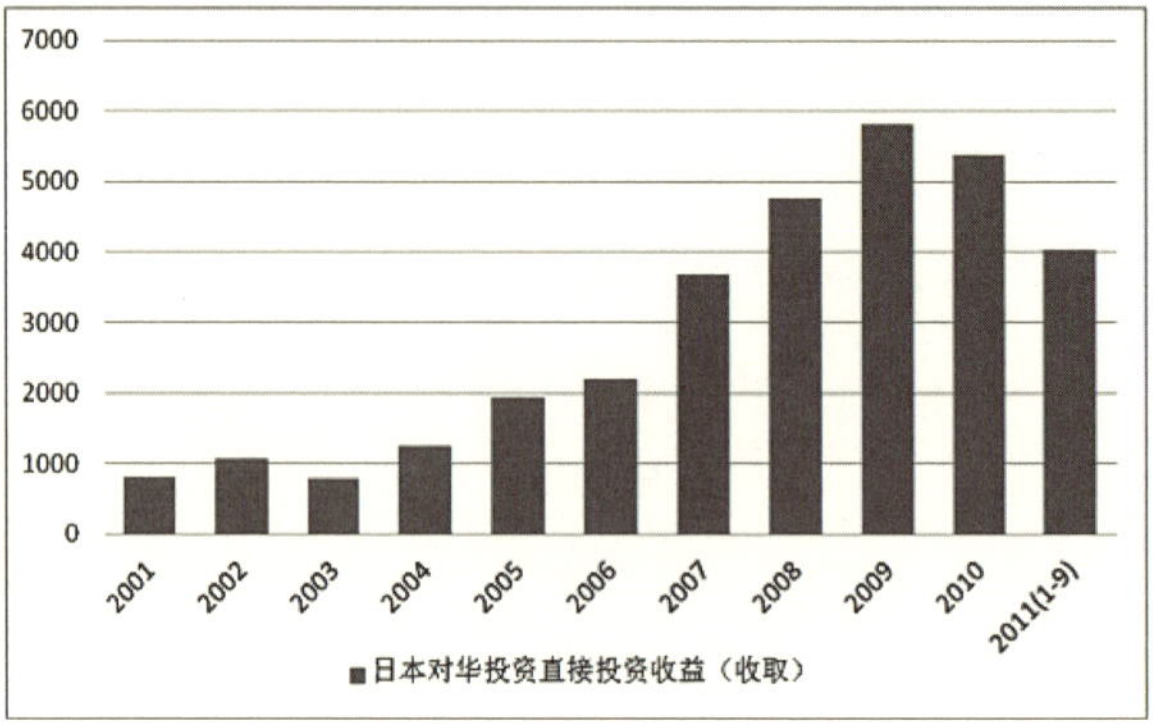

单位：亿日元。
资料来源：日本财务省国际收支统计。2011年为1-9月份总额 。

図 8　日本の中国への直接投資における収益

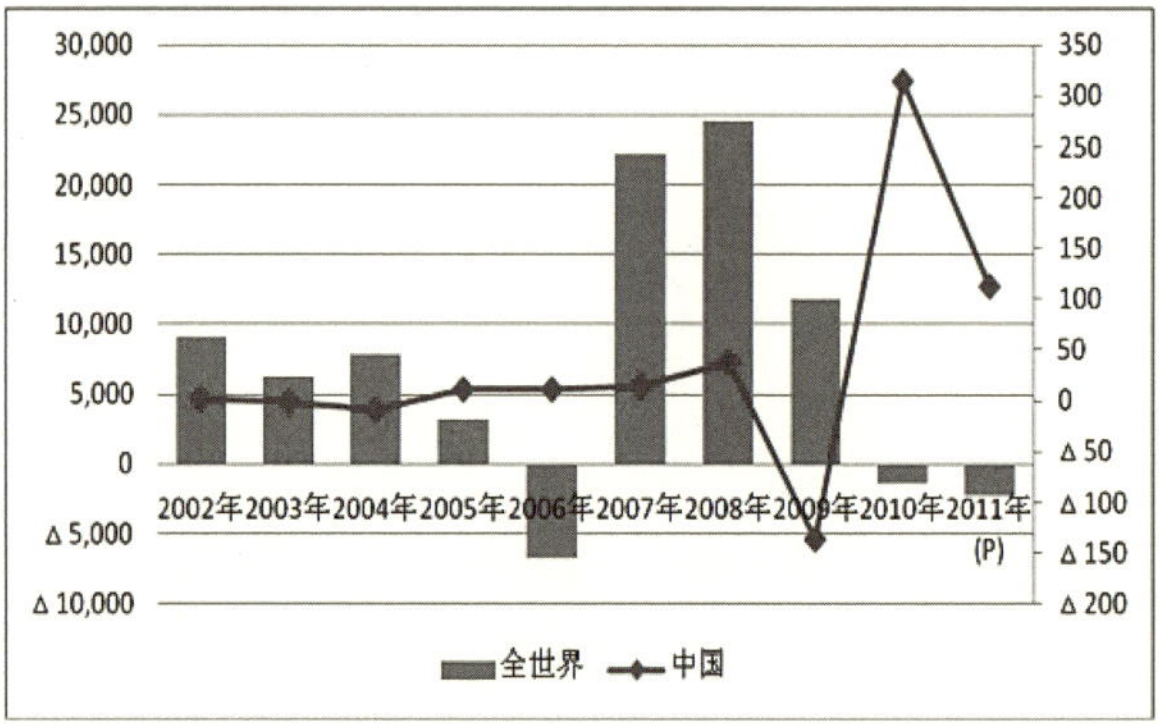

资料来源：日本银行，国际收支统计 。

図 9　中国と全世界の日本への直接投資の動向

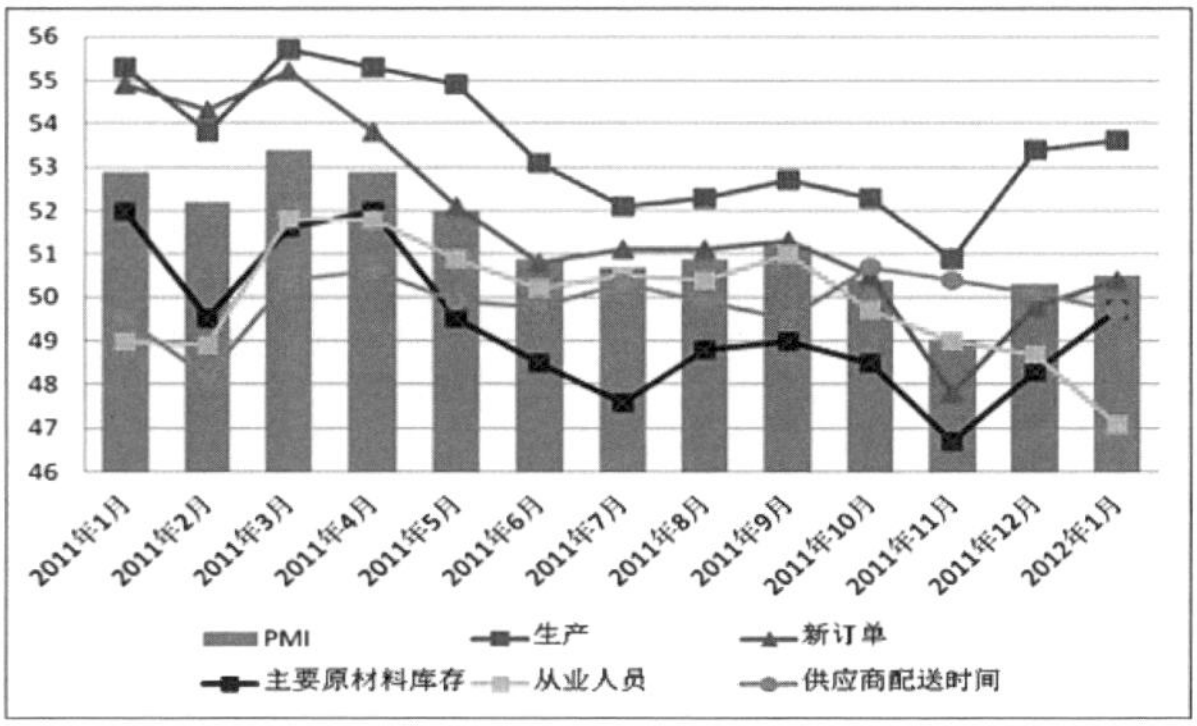

资料来源：中国国家统计局，中国物流与采购联合会毎月数据整理而得。

図 10　2011 年各月　中国 PMI 指数の変動

ルにあると思います。ですから、かなりの収益を上げていると言えるでしょう。日本の今後の経済発展に、中国は大きな役割を果たしていると思います。

もう一つ、大きな変化ですが、中国の日本に対する直接投資（図9）も増えています。とりわけ金融危機の後、日中双方の投資が増えているわけです。喜ばしいことです。金融危機により、相互の関係は遠くなったのではなく、近くなったわけです。

数字はそれほど大きく増えておりませんし、中国の日本に対する投資はまだ少ないと思いますが、輸送、サービス、観光は少し増えております。これは、いい傾向だと思います。

中国の経済政策と為替レート

二〇一一年、中国のＰＭＩ指数（Purchasing Managers' Index 製造業購買担当者景気指数）の推移（図10）をご覧になってください。これから見ると、製造業の景気の趨勢が変わりつつあることがわかります。いずれにしろ、今は回復期にありますが、就業人数は減っております。ほかでは上がっていますが、就業人口がここでは下がっております。

工業生産者のＰＰＩ（Producer Price Index 生産者物価指数）を見てみましょう。これは一月に下降しました。ですから、中国の経済はここでどう変化したかということですが、外国の学者は、中国の経済がソフトランディングするのか、ハードランディングするのか、その辺について心配している人も多くいます。もちろん、これは経済的な問題だけではありません。国内政策もあるでしょう。ソフトランディングをするのか、ハードランディングをするかは、やはり政府の政策によるでしょう。

中国の経済成長は続くでしょう。二〇一一年、二〇一二年、二〇一三年。私は、経済成長率八パーセントは持続すると思います。中国のほとんどの学者は、自信を持ってそう申し上げております。

では、次に、日中両国の為替レートは、両国にどのような影響を与えるかということですが、それほど大きな影響は与えません。このグラフからもご覧いただけますように、人民元は二〇〇五年から為替レートが変わりました。つまり、中国は以前の貨幣制度を堅持することになりました。変わったわけです。そして、人民元の為替レートの改革、今、バスケット通貨を参考にしております。

バスケット通貨には米ドルが含まれており、その割合は小さくありません。ほかの国もそうですが、私たちは米ドルを注意深く見守っております。日本もそうです。ですから、円や人民元の対ドルレートの切り上げは、中国と日本の貿易にあまりよくない影響を与えていると思います。

今、日本円は変動しています。経済協力は進めていますが、経済貿易の為替レートに関する協力、金融関係についての協力はまだ実験段階というか、話し合いの段階で、まだ具体的な協力関係までは結ばれており

表 2　2011 年上半期 日本の中国の省・自治区・直轄市への直接投資（1）

（単位：件、100万ドル、%）

	省・自治区・直轄市名	契約件数	伸び率	契約額	伸び率	実行額	伸び率
東部	江蘇省	1,753	4.5	31,242	14.7	16,697	9.7
	広東省	3,326	39.7	15,100	49.1	10,899	13.1
	山東省	714	△ 6.1	8,393	34.5	6,095	47.3
	浙江省	817	△ 8.2	10,465	22.8	6,284	18.2
	遼寧省	519	△ 16.0	−	−	11,990	45.8
	上海市	1,831	8.5	9,728	30.1	6,013	12.0
	天津市	328	−	9,030	10.0	7,230	22.3
	北京市	−	−	4,772	15.3	3,834	6.8
	福建省	530	△ 2.9	4,927	31.6	3,910	2.1
	河北省	90	−	2,130	108.5	2,320	31.1
	海南省	−	−	−	−	592	355.0
中部	湖北省	163	33.6	2,340	202.5	2,292	10.7
	湖南省	343	34.0	5,102	64.4	3,442	23.9
	江西省	395	△ 21.8	4,173	24.9	3,236	24.7
	河南省	162	2.5	3,307	58.2	4,210	41.9
	安徽省	120	△ 2.0	1,431	109.0	3,850	55.7
	山西省	31	−	436	36.5	279	31.0

ません。

吉林省への投資の期待

では、吉林省はどうでしょう。吉林省は、先ほど青木さんがおっしゃいましたように、最近の統計では中国の中部地域にしているということですが、私たちのこの統計では、吉林省は中国の西部地域として扱っております（表2・3）。これは昨年の上半期のものです。日本の、中国の省、自治区、直轄市に対する直接投資のデータです。やはり東部、沿海地域に集まっています。以前との比較はありませんが、最近、日本の企業は中国内陸部に対する投資を増やしております。中部と西部に対する投資も多くなっています。

しかし、このデータの数字に比べて、吉林省の数字は、まだまだ非常に少ないと言わざるをえません。ですから、吉林省は今後、日中の経済協力を考える上でこれからの潜在成長力のある、発展の余地が大きい地域だといえるでしょう。

以上です。ありがとうございました。

表 3　2011 年上半期 日本の中国の省・自治区・直轄市への直接投資（2）

	吉林省	-	-	-	-	707	14.6
	黒龍江省	70	1.4	-	-	1,620	83.1
	内モンゴル自治区	40	60.0	-	-	1,092	△ 15.0
	四川省	-	-	-	-	4,089	62.1
	陝西省	64	4.9	1,329	19.2	1,203	31.0
	重慶市	129	37.2	3,130	376.9	2,919	136.6
西部	広西チワン族自治区	-	-	-	-	519	0.1
	青海省						
	貴州省	28	64.7	1,020	402.8	220	55.4
	甘粛省						
	寧夏回族自治区	8	△ 11.0	87	28.4	151	313.0
	雲南省	80	17.7	900	57.9	651	30.2
	新疆ウイグル自治区	-	-	-	-	235	41.5
	チベット自治区						

资料来源：（JETRO特集）中国北アジア日系企業が直面する課題，
2011年9月号VOL15 。

第１セッション
〔食品関係〕

司　会　佐藤　善信
報告者　桐山　寛史
　　　　姜　　国鈞
討論者　松村寛一郎
　　　　張　　英杰

伊藤忠商事株式会社 食料中国事業推進部 食料中国室長
桐山《きりやま》 寛史《ひろし》

伊藤忠商事と中国ビジネス

桐山寛史氏

桐山 ただいま、ご紹介賜りました、伊藤忠商事の桐山でございます。本日は、このような場で発言の機会を賜りまして、まことにありがとうございます。

弊社食料中国事業推進部は、後ほどご説明します食料カンパニーの中国における戦略投資、アライアンスを推進する部隊でございます。

私自身も入社して一七年間、ご縁あって、これまでずっと中国ビジネスに携わってまいりました。具体的には、一九九五年から九七年まで北京と上海、二〇〇五年から二〇〇九年まで再び北京に駐在し、中国の発展ぶりを肌で感じてまいりました。

今回のテーマ「関西と中国東北地方との経済交流を考える」の食品パートでのセッションに際しまして、弊社食料カンパニーの中国での取り組み状況、および先ほどもご紹介がございましたが、昨年末に国家発展改革委員会より公表されました、食品工業第一二次五カ年発展計画を通じて、中国における食品業界がどのような動きをしていくのかを簡単にご報告させていただきます。

伊藤忠商事は、一九七二年の日中国交正常化の半年前の一九七二年三月、総合商社として初めて国務院の正式批准を得て、日中貿易の復帰を果たしました。

現在は、北京を本部として一七の拠点がございます。東北三省では、北からハルビン、長春、瀋陽、大連の四拠点がございまして、日本人駐在員約一〇〇名、中国人スタッフ約六〇〇名の総勢七〇〇名体制でございます。

投資先は、全社で約二二〇社ございまして、うち食料関連では三五社、これに加え、即席麺やお茶系飲料でトップシェアを誇る康師傅を傘下に持つ総合食品企業の頂新グループにも出資しております。

東北三省におきましては、豊富で良質な原料を背景に、吉林省で大豆タンパクの製造工場、黒龍江省で精米工場と大豆の選別加工工場に出資しております。

山東省地域の投資先が比較的多いですが、従来、弊社では中国を「世界の台所」として、豊富な食糧資源、労働力を背景に、山東省を中心とした食品加工基地の製品を日本および第三国へ輸出するビジネスモデルでございました。

安心・安全の食品提供

しかし、中国の発展に伴い、一九九〇年代後半より中国を「世界の胃袋」として、一三億の民のニーズに応えるべく、パートナーの皆さまとともに原料から製品製造、小売りまでの中国国内ビジネスを積極的に推

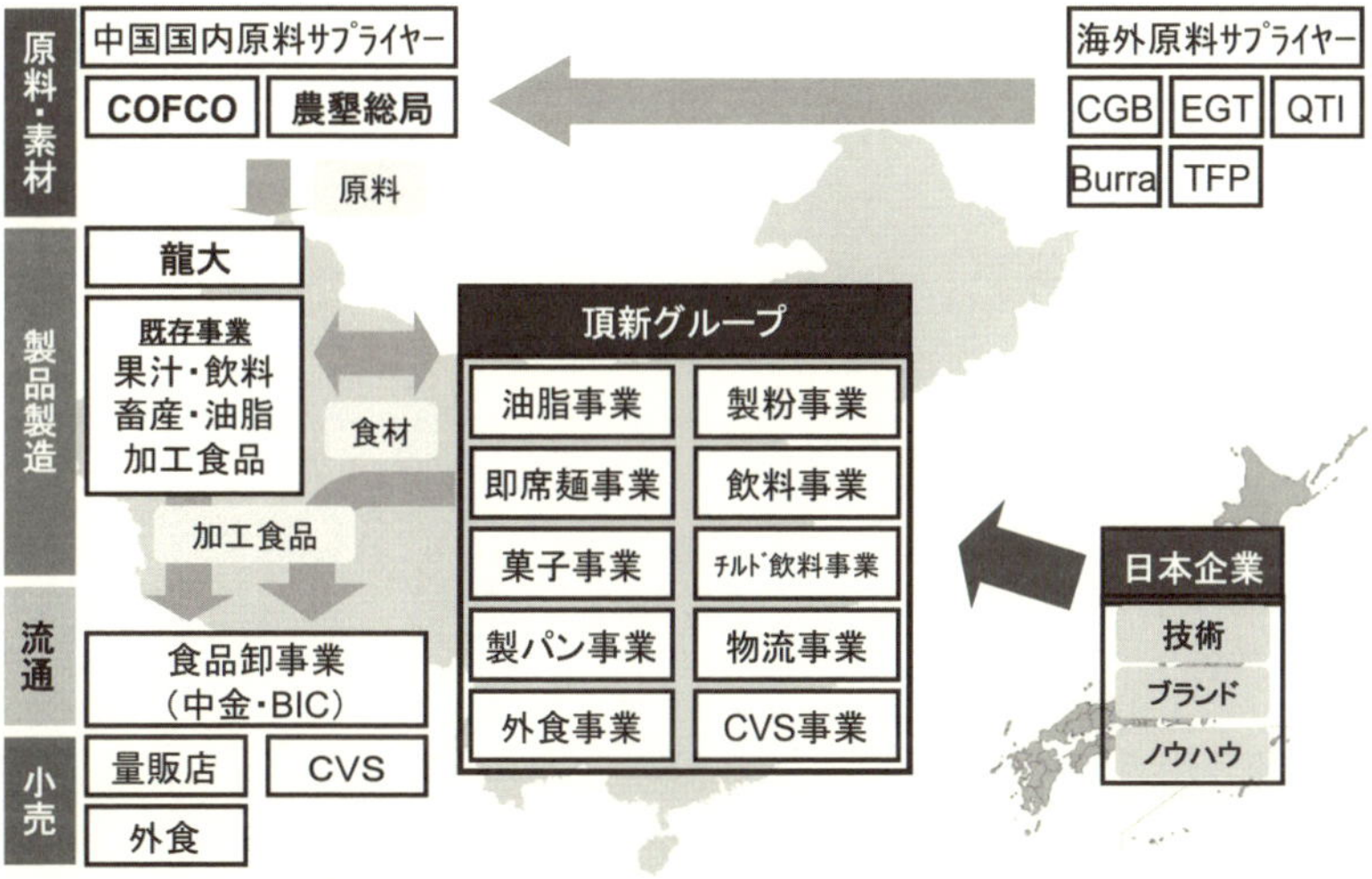

図1　伊藤忠　中国SIS（Strategic Integrated System）戦略

進しております。

物流につきましては、常温物流が中心ですが、チベットを除く七六カ所に拠点がございまして、全国物流ができる体制を築いています。また、北京、上海地域におきましては、自社で三温度帯物流を有する食品卸もございます。

現在、弊社食料カンパニーでは、中国SIS戦略（図1）を推進しておりまして、川上から川下まで、すなわち、中国国内外からの原料・素材調達から製品製造、流通、外食やコンビニエンスストアなどの小売りに至るまで戦略的に垂直統合し、日本と同様、安心安全な食品を消費者の手にお届けする体制づくりを進めております。

おおよその事業では、中国マーケットを熟知しています頂新、黒龍江省農墾総局、龍大などの弊社の中国側パートナーが事業主体となり、それに弊社の日本側パートナーが、技術、ブランド、ノウハウなどを提供し、そして、弊社が国内外から原料調達や流通、また定期的に食品安全監査も担うという役割分担で、主力の即席麺や飲料製造から、中国の食の発展、多様化に合わせ、製パンやコンビニエンスストアなどの新規事業にも取り組んでおります。

米を一例に中国ＳＩＳを申し上げますと、川下での消費動向を見ながら、黒龍江省、吉林省などで、品種・農薬・栽培管理がなされた良質の原料米を調達、それを、日本の最新設備を備えた私どものグループ企業で精米、物流段階も弊社グループが担い、量販店などの小売店向け、およびコンビニエンスストアのお弁当、外食などの業務用で使用されています。

特に業務用には、一度に大量に炊飯し、一年を通じてチェーン店のどちらでも均一の味、品質が求められるため、安定供給はもちろんのこと、「安心安全でおいしいお米」が、「安心安全でおいしいご飯」になるような炊飯面での技術指導もしております。

東北三省につきましては、二〇一〇年に黒龍江省農墾総局、および農業科学院と業務提携をし、農業プロジェクトに取り組んでいます。

黒龍江省の黒土地帯は、アメリカ中西部、ウクライナと並ぶ世界三大黒土地帯でございまして、土地が肥沃で、春から夏にかけての日照時間が長いため、農作物の生育に最適であること、しかも、昼夜の寒暖差が大きいため、農作物は糖度が高く、香りがよくなること、冬場はマイナス二〇度を超える気候であるため、病害虫が少なく低農薬で農作物を栽培できるという大きなメリットがございます。

伊藤忠とパートナーが、栽培技術、品質管理のソフトから農業機械や農業資材のハードを提供し、黒龍江省農墾総局と農業科学院の協力のもと生産と検査を実施し、伊藤忠が、この安心安全でおいしい農作物を安定的に中国国内市場に供給するという試みでございます。

課題は安全管理体制

さて、今後の中国食品業界の動向でございますが、昨年末に国家発展改革委員会より食品工業第一二次五カ年発展計画が発表され、私どもも、この内容に注目しております。

本発展計画には、まずは二〇〇五年から二〇一〇年の第一一次五カ年計画のレビューがなされておりまして、一番目に、食品工業の成長として、二〇一〇年の食品工業総生産額が二〇〇五年比二〇〇パーセント成長の六・一兆元、日本円で、一二円換算でまいりますと七三・二兆円になったこと。

日本の食品業界全体で七〇～八〇兆円でして、物価、人口はもちろん異なりますが、同等の金額規模でございます。ちなみに、二〇一一年は七・八兆元、日本円換算で九三・六兆円になったと聞いております。

そして、食品安全レベル、技術レベルの向上、食品工業の規模化・集約化の推進、西部大開発や東北地域、中部地域の振興をもって地域間格差の縮小ができたと記載されています。

一方、課題としまして、第一に食品安全体制の未整備が上げられております。この五年間にも、さまざまな食品安全問題が起こりました。また、自国での開発能力、および原料調達から販売までの食品チェーンマネジメントの強化が必要であること、非効率な生産、汚染問題、そして、食品工業全体の九三パーセントが零細企業と町工場、かつ、業種によっては過剰な生産能力を抱えており、合理化、集約化が、まだまだ足りないといった問題が上げられております。

このような課題を抱える中で、政府が二〇一五年の中国の姿を予想しておりまして、人口につきましては毎年七〇〇万人増の一三・七五億人になること、毎年一〇〇〇万人の農村労働者が都市部に流入し、都市化がさらに進むこと。

生活につきましては、こちらに中国語で「温飽」と書いておりますが、充分な服を着て温かく、おなかいっぱいに食べられるという必要最低限の欲求から、これからは、中国語で「小康」と書いておりますが、国民がやや裕福な状態となり、安全で健康的な食品を求めるようになってくる。

そのために食品は一層の多様化が起こり、消費総量も引き続き増加する一方で、世界の情勢から省資源、環境も配慮しなければならないとあります。

具体的な発展目標として、詳細は次のページに記載しておりますが、課題であります食品安全のさらなる強化、企業の再編・合理化を進め、生産技術、製品レベルの向上、省資源、環境保護にも努めるとあります。

高まる東北三省への期待

これらの発展目標は、日本の食品および関係企業さまが一番得意としているところでございまして、ここに、本日のテーマでございます、日本・関西と中国・東北地域での経済交流の余地が多々あると考えております。

表１・２が具体的な指標でございますが、生産総額は二〇一〇年の六・一兆元から毎年一五パーセント成長し、二〇一五年には、二〇一〇年の二倍の一二・三兆元、日本円で一四七・六兆円にすると目標を掲げています。

その他、テーマごとに数値目標を掲げていますが、太字にしております、食品産業園区、あるいは産業ク

表１　食品『第12次五カ年計画（2010−2015）』の骨子

指標	2010年	2015年	年平均増加率（%）
収益規模			
生産総額（兆人民元）	6.13	12.3	15
利潤＋税金（兆人民元）	1.07	1.88	12
産業構造			
売上高が百億人民元を超える大型企業グループ（社）	27	50	【23】
食品産業園区或いは産業クラスターの建設（ケ所）			**【200】**
中西部と東北地域の全国食品工業生産額における割合（%）	**54.4**	**60**	**【5.6】**
知名ブランド育成（個）			【300】
科学技術の進歩			
科学技術研究開発経費の売上における割合（%）	0.4	0.8	【0.4】
鍵となる設備の自主化率（%）	40	50	【10】
食品安全			
基準の制定・修正（個）			【1000】
一定規模以上の食品企業の HACCP 認証取得の比率（%）	50	60	【10】
食品の抜取検査合格率（%）	94.6	>97	【2.4】
資源利用			
副産物総合利用率（%）	75	>80	【5】
国内総生産あたりのエネルギー消費の削減（%）			【16】
工業増価値あたりの用水量の削減（%）			【30】
環境保護			
国内総生産あたりの二酸化炭素排出量の削減（%）			【17】
化学的酸素要求量（COD）排出の削減（%）			【10】
窒素化合物（NOx）排出量の削減（%）			【10】

表２　食品『第12次五カ年計画』の重点分野

分野	発展報告と重点（抜粋）
食糧加工	**米→優良品質米、栄養強化米、米糠、砕米の利用他**
	小麦→専用粉、栄養強化、ふすま（食物繊維、オリゴ糖）の利用
	とうもろこし→スナック、インスタント食品、穀物・飼料用を確保
	大豆→大豆蛋白製品、大豆加工副産物
	芋・雑穀→澱粉、副産物再加工、インスタント食品
食用植物油	菜種油、ピーナッツ油、綿実油、副産物。**大豆油脂は再編へ**
肉類加工	冷蔵肉・小型包装分割肉、サプライチェーン統合、大規模化。**牛肉**
乳製品	特殊・機能性・高品質乳製品。大型企業グループを育成
水産品加工	水産物の高度加工。魚すり身製品、缶詰、貯蔵・運輸技術
青果物加工	濃縮果汁、缶詰、急速冷凍野菜・果物、青果物流
飲料	低カロリー飲料、健康栄養飲料、乳酸菌飲料、**ミネラルウォーター**
製糖	規模拡大、栽培近代化。グリーン生産、省エネ。**甜菜糖**
インスタント食品	**冷凍・冷蔵・常温インスタント米**・麺製品。栄養強化
発酵食品	高付加価値、バイオ素材
アルコール	高付加価値ビール、味の多様化、ワイン、果実酒
食品添加剤・調味料	機能性食品添加剤、天然色素、植物抽出物、加工澱粉
栄養・健康食品	栄養強化食品、妊婦、幼児、老人、運動選手など専用特別食品

（参考）小売業	合理化、チェーンストア、無店舗販売、サービス強化、省エネ、エコ

ラスターの建設、これは毎年、全国で二〇〇カ所を建設するとあります。および、中西部と東北地域の中国食品工業生産額における割合の増加につきましては、特に東北地域と、かかわり合いが強いものになります。

分野別では、食糧加工ほか一三分野が上げられ、税制面などの優遇政策が受けられると存じますが、同じく太字にしております、米、大豆、ミネラルウォーター、甜菜糖などは、産地であります東北地域で振興していくとあります。

トウモロコシの最大の生産地は吉林省ですが、飼料工業のレベルアップ、スナック菓子などの付加価値加工を推進するとあります。

また、一番下段に、ご参考として記載させていただきましたが、近日中に商務部より発表されます、小売業に関する第一二次五カ年発展計画では、合理化、チェーン、無店舗販売、省エネなどの重点施策が上げられると聞いております。

私どもは、内陸の四川省成都にて小売業に出資しておりますが、所得の向上により消費活動が非常に旺盛で、業績も順調に推移しております。

スーパー、外食などの小売業や高級品の販売は、これまで北京や上海から展開するのが常道でしたが、不動産市況や人件費が高止まりしており、事業として成功を収めるのに難しい市場になりつつあります。

東北三省にも消費レベルの高い大都市は多数ございまして、今後は東北地域から事業を展開、成功モデルを確立してから、北京、上海地域に進出するという形も検討されるべきだと思われます。

以上、簡単ではございますが、私からのご報告とさせていただきます。ありがとうございました。

吉林省企業連合会副理事長、吉林省企業家協会常務副会長
姜《きょう》　国鈞《こくきん》

吉林省の概要

姜　皆さま、こんにちは。本日は、関西学院大学の皆さまとともに、第五回日中経済社会発展フォーラムに参加できてうれしく思います。

私は、吉林省からまいりました企業家の代表です。吉林省と日本、関西地方との食品産業の関係、協力について、私自身の考えを少し述べさせていただきたいと思います。

簡単に、中国吉林省の状況をご紹介したいと思います。面積は一八・七五万平方キロ、人口二七〇〇万人、二〇一〇年ＧＤＰ一万五三七億人民元。吉林省は従来型工業の拠点でもあり、自動車、農産品、石油化学を三つの支柱産業としております。医薬、オプティカル、新素材などにも、今、重点をおいています。

吉林省は農業の中心でもあり、中国の穀物の重要な生産地でもあります。昨年は三七〇一万キロの生産高を誇っております。

改革開放から現在、私どもは従来型工業の地域を発展させてまいりました。そして、この生産も、より速い速度で進んでおります。今、基盤もできております。

二〇〇七年から二〇一一年、経済の全体的規模は四二〇〇億元から、現在一兆元を超えております。数年間で一・五倍に増えました。年間の経済成長率は一四・六パーセント。

全省の、ある程度の規模以上企業の工業生産は一四〇〇億元から四五〇〇億元以上に増えました。つまり、その規模は三・三倍に増えました。年平均成長率は、何と一九・五パーセントです。

固定資産投資の成長率は、年平均三四・九パーセント、消費小売総額は一六〇〇億元から四一〇〇億元に増えまして、その規模は二・五パーセント拡大し、平均成長率は一九・七パーセント。

貿易総額は七九億元から二一〇億元に増えました。つまり、その規模は二・八倍に増えました。年平均成長率は二二・七パーセント。

地方の財政収入は二四〇億元から八五〇億元に増えました。その規模は三・五倍に拡大しました。年平均成長率は二八・二パーセント。

経済は高度成長を誇り、人々の収入も増えました。五年前の人々の可処分所得から比べ、今は全体レベルで一二・七パーセント、農村は一五・六パーセントの伸びを示しております。

日本との合弁協力事業

では次に、吉林省と日本の関西地域との食品産業、医薬産業の合弁協力についてのお話をさせていただきます。

産業の基盤は、経済成長、経済交流の中心でもあります。吉林省と関西は、よく似た部分もありますし、また補完性も互換性も強いと思います。したがいまして、私ども、この二つが、これから発展・協力していくための大きな可能性があると思います。

吉林省は、中国の従来型工業の中心です。そういう意味で優位性があります。吉林省の重点産業は今、非常な速度で発展しております。自動車、石油化学、農産品、エレクトロニクス、医薬、冶金、新材料の製造業が進んでおりますし、また自動車の産業拠点として、総合的な石油化学の産業拠点として、ハイテク産業拠点として、非常に速い成長を遂げております。

一方、日本の関西地域は、日本の中心地にありまして、その総生産高は日本の六分の一以上であります。製造業も大きな競争力があり、優位性を持っております。その中でも、紡織、化学材料、金属製品、一般の機械などが優位性を持っております。

つまり関西地域は、産業構造の中で、国際的な競争力を持つ上で非常に重要な役割を果たしてこられました。今、この地域は、ナノ技術や新材料、バイオ、ロボットで非常に大きな成長を遂げております。吉林省と関西地域の今後の発展状況ですが、とりわけハイテクについて、また、より高度な生産、産業について、関西地域は技術的な優位性と資金の優位性を持っており、対外的に大変大きな技術と資金を提供しておられます。

また、この地域のライフサイクルを発展させる上で、また製造業を発展させる上で重要な役割を果たしておられます。

食品産業、医薬産業の協力

では、吉林省との互換性はどうでしょう。私どもは、これから、より大きな発展の余地があると思います。

吉林省には、化学工業や医薬の面での優位性がございます。例えば自動車産業は、既に協力を進めております。トヨタと第一自動車（一汽）の協力も成功しております。

ここで食品について、また医薬について特化してお話ししてみたいと思います。多くの分野の中で、吉林省と関西との協力では、医薬と食品に特化できると思います。

関西地方はグルメの町、粉もの文化が有名です。吉林省には豊富な農産品がありますし、また潜在力の高い消費者がいます。ですから、この二者が協力すれば非常に大きな力になると思います。吉林省の穀物、また牧畜産業、これらは食品産業を進める上で極めて高い優位性を持っております。

また、吉林の中部には、世界的に有名な黒土（地帯）があります。世界で二番目のトウモロコシの生産地でもあります。つまり、中国でも世界でも重要な穀物宝庫と言えます。

二〇〇六年から二〇一〇年までの吉林省の農業に関する投資は、平均伸び率が三〇・三パーセントです。吉林省の西にダムをつくりました。そこで穀物を生産します。また東部と白山区、ここはユーラシアの緑の回廊といわれております。

また、非常に重要な創薬、いろいろな薬の宝庫でもあります。五味子《ゴミシ》、人参、刺五加《シゴカ》など、これらはすべて中国でも非常に有名な薬草、薬品でもあります。

さらに、医薬だけでなく牧畜産業も有名です。ここにはすばらしい草原があります。ですから、吉林省には牧畜業を発展させるための基礎があります。牛、豚、羊、鳥も一五〇万トン、牛乳は五〇万トン、卵は一〇〇万トン。二〇一一年牧畜生産高は、一〇〇〇億人民元、比重は農業の四〇パーセントに上ります。

吉林省には広大な土地があり、また安価な労働力があります。これらは吉林省の農業生産の優位性となっております。ですから、吉林省はそういう意味で食品産業を発展させる基盤があると言えます。吉林省に投資に来られる方たちに、よりよい利益を提供できます。

農産品を原料とする食品産業が、これからも発展するでしょう。今、吉林省の食品産業は、石油化学産業を超えております。二〇〇六年から二〇一〇年の、この五年間、より高い成長率を誇っております。年成長率は二四パーセント、全国の標準を四・七ポイント超えております。

市場のニーズから見て、吉林省の食品産業の発展は、その基盤がしっかりしております。しかし、まだ初歩的な経営が多く、きめの細かい成長はできておりません。これから私たちは豊かになりますので、より細かいサービスをしながら、よりよい食品を提供していかなければならないと考えております。

吉林省への投資の期待

日本の関西地域は、私たちの吉林省でもグルメの町として有名です。皆さんからの認知度が大変高いのが、日本の関西地方の食品産業と言えます。

日本の関西地方は、食品を生産するための非常に高く、きめの細かい技術を持っておられます。ですから、これから私たちが協力し、より大きい発展の可能性を求めていきたいと考えております。そうすることによりまして、より価値の高い、よりよい利益配当ができると思います。

仮に吉林省で食品産業に投資なさいましたら、必ずや、すばらしいリターンが得られると思います。今、日本の食品は中国で大変人気になりつつあります。直接中国で生産し、消費することによって、より高い経済効果を得られるでしょう。

また、市場は、これから、より成長するだろうと思います。また懸命な経営者は、中国で、吉林で、よりよい市場をつくっておられると思います。カレーもそうですね。カレーを国民食にすることも、その一つかと思います。

食品の安全は今、中国でも大変重視されております。安全度、信用性の高いのが日本の食品の特徴でもあります。中国の吉林省、日本の食品産業、この両者は大変大きな互換性があり、これから協力して発展していけると思います。

そして、日本の皆さんは非常に厳しい管理と、きめの細かい仕事をしておられます。従いまして、吉林省で、より高い安全度と、より高い信頼性を持つ食品を、ぜひ広めていただきたいと思います。

さらに、吉林省といいますのは、すばらしい天然の薬用品倉庫でもあります。長白山は、国連でも評価されており、また、中国の天然の医薬宝庫とも呼ばれております。

高麗人参、鹿茸《ロクギョウ》は、中国でトップの生産量です。一・五万トンといいますのは、中国の八五パーセントで世界の七〇パーセントです。薬用人参の六〇パーセントが世界に輸出されております。

バイオ、医薬産業、これらも今、中国のトップを走っております。これから五年間、吉林省は長白山を背景にして、天然の人参、鹿茸、中国赤蛙（中国林蛙《リンワ》）などの保健薬品を、これからバイオでつくっていきたいと考えております。

また、中国の漢方薬を中心とした医薬産業を、これからシステム化させていきたいと考えております。吉林省は、吉林の人参を国際的な認知度の高いブランドにしていきたいと考えております。

日本の関西地域の製薬技術、バイオ技術、ナノ技術、先端医療、また高いアレンジの力、私たちは、これらをぜひ活用していきたいと思います。そして、これをもって人類の健康のために力を尽くしていきたいと思います。

これから、食品、医薬の安全は人々の安全に欠かせないものです。進んだ技術で、自然で汚染のない医薬品をつくり、世界の人々の健康のために、お互いに力を尽くしていきましょう。

長白山の天然の宝庫、松茸、鹿茸などを、これから、より力を入れて開発していかなければなりません。ぜひ、日本の関西地域の皆さま、吉林省にお越しください。投資し、ともに仕事をしていきたいと思います。

今、中国の経済発展は、外資を歓迎しております。吉林省は今、外資導入の投資の一番いい時期だと思います。さまざまな資本、さまざまな企業が、日本からの投資を待っております。ぜひ中国の吉林省を選んで投資してください。とりわけ食品産業、医薬産業に投資してください。

図們江開発計画

二〇〇九年八月三〇日、中国の国務院は、中国図們江開発地域についての計画をつくりました。そして開発先導区に関する計画を決めました。それらは、既に国家の戦略になっております。

つまり、私どもは、吉林の経済発展が国のサポートによって必ずや実現できると、成功すると信じております。さらに、投資家の皆さんの吉林における利益も保証されると思います。

今、吉林の経済発展は、工業化、都市化、農業の現代化の三つにおいて非常に重要な時にあります。お互いに力を合わせることによって、吉林の経済は、より発展すると思います。また、それが吉林省と海外の経済、技術の協力に、よりよい発展の空間を提供できると思います。

先ほどから申し上げております開発先導区、長春保税区におきまして、さまざまな企業は自由に輸出入する優遇政策が適用されます。そうすることによりコストが下がります。また企業の経営能力、利益率も高まります。

吉林省は経済成長を遂げています。より多くの海外の投資家が吉林を注目しております。今、シンガポールは、吉林で大規模な食品工業団地をつくっております。それは、天津のエコ産業団地、蘇州での産業団地に続く、シンガポールの中国における三つ目の産業団地の建設です。

私たちも、シンガポールの企業家をぜひ見習いたいと思います。日本の投資家が、吉林で食品産業、あるいは医薬産業に参入するとなれば、シンガポールのように、日本の工業団地のようなものをつくることもできると思いますし、また、その場合には優遇政策が適用されます。

吉林省の企業家協会は、日本の投資家が吉林に投資に来られ、工場をつくられたりすることを歓迎しておりますし、また、それに対する協力も惜しみません。

以上です。ありがとうございました。

関西学院大学総合政策学部准教授　松村《まつむら》　寛一郎《かんいちろう》

松村　ただいまご紹介にあずかりました、関西学院大学の松村と申します。私のほうからは、最初にお手元の資料を説明させていただきます。皆様が見慣れない単位もございますので、簡単にご説明した上で、長春周辺の写真も、あわせてご紹介させていただきます。

私は、専門が地球物理学の気象学で、現在、総合政策学部のメディア情報学科に属しています。気象データ、農地分布、穀物生産のデータ等を用いて世界中の食料生産と気候変動の関係を研究しております。

今回、皆さんにお配りした資料は、昨年の一一月に、私は吉林大学で集中講義をさせていただく機会があったときに、現地の吉林大学のスタッフの協力を得て、長春から南東へ七〇キロメートルほど行ったところにある農家を訪問した際のメモでございます。

松村寛一郎氏

この中の文面で、五三五一八Hgという、ちょっと見慣れない言葉が出てきておりますが、これはヘクトグラムということで、単位が一〇〇グラムです。ですから、五三五一八とありますと、トウモロコシがヘクタール当たり五・三トンぐらいとれるとみてください。その下に、米の単収と肥料投入量の数字を出していますが、これも、一トンから七トンという数字があると読み替えてください。先ほどの発表者の方でも、農業分野にどんどん進出してほしいという話があったようですが、長春は、rice or maize single cropping region という一年のうちの夏の間しか収穫できない地域になります。

中国東北地域の農家

写真１

農家の家と柵で囲まれたものがあります。写真1は、私が許可をいただいて撮影したものですが、この柵で囲まれたものが、今回、訪問した農家の一年間の生活のすべて、年収のすべてとなっています。

家も高床式の構造になっています。オンドルといって床の下で石炭か何かを燃やして暖をとるようになっています。農家の方の話ですと、冬の間はマイナス二〇度、三〇度は当たり前だそうです。それだけ気温が低いと基本的に水分は凍ってしまうので、作物は育たないという弱点があります。

農家の人たちの冬場の雇用創出機会のために、例えば、こちらで収穫したトウモロコシをここで加工して提供するといったような仕掛けづくりが必要ではないかということを今回、発表を聞かせていただいて思いました。

中国の穀物生産、自給率

中国の穀物生産量は穀物の供給量を上回っていたのですが、実は、一九五八年から一九六一年ぐらいに食糧自給率が一〇〇パーセントを切ってしまった時期があって、このときは、かなりの数の方がお亡くなりになったという話が、最近になって公文書としてオープンになっています。中国農業科学院の方も中国の人々を絶対に飢えさせるわけにはいかないと明言されています。中国における小麦と米の生産量は世界一で、それ以外の大豆とトウモロコシに関しても、世界トップ5に入るだけの生産量があるので、中国という国は今後とも農業生産大国であり続ける必要があります。

写真2

吉林大学と長春の街

次に、皆さまに雰囲気を知っていただくために、撮らせていただいた写真を駆け足でご紹介したいと思います。写真2が吉林大学の外国人留学生のドミトリーだそうです。この下が、海外からお客さんが来たときに歓待するような場所になっていまして、私もこちらで歓待していただきました。

松茸をごちそうしていただきまして、私は長春で松茸が採れるというのをまったく知らなかったので驚いたのですが、非常によく採れるそうです。

写真3が副学長の先生です。私は北里大学獣医学部の非常勤講師をしているのですが、そこに馬のお医者さんをしている学生時代の先輩がいて、その先生と、副学長の先生が非常に仲がよい友人だということで、北里大学と吉林大学は畜産関係で非常に交流があるという話をお伺いして、世間の狭さを感じたというところです。

写真 3

写真 4

写真 5

写真4はホテルの窓から見る長春の街角で、雰囲気が何となくフランスかどこかの街ではないかというぐらい、区画整理が非常に行き届いた街だと思います。

軍事科学院でも大学院生の方とも情報交換させていただきました（写真5）。

あと、驚いたのは、スキー場も幾つかあるそうで、ちょっと離れたところには世界的なスキー場もあるという話で、中国でもこういった意味で、先ほどレジャーとおっしゃっていましたけど、私たちも非常にスキーが好きなので、何かスキー産業みたいなものが育つ可能性も十分あり得るのではないかと感じています。

鉄道も、二両編成のかわいらしい電車が走っています。電車の写真をここに出せなくて残念ですが、電車網も非常に整備されていて、郊外に住んで都市部に通勤することができるような形になっています。

写真6

農家の風景

最後に農家の様子をご説明しますと、写真6のようにトウモロコシ畑が広がっています。以前は不毛の地だったそうですが、農業の専門家の方による技術改良によってトウモロコシを植えることができるようになりました。

これは、収穫し終わったトウモロコシの殻が、そのまま置いてあります。

町角はこういう形で、長春の市内から、わずか七〇キロメートルほど離れたところで、このように見渡す限り畑が広がっているという形になっています。

水田がありますが、市場に出すのではなくて、自分たちが食べるための水田もありますし、鶏も飼われています。

ご飯も非常においしくて、私も好きになりました。いろいろな野菜とか、お肉とか、そういったもの。あと豆腐ですね。豆腐を包んで食べるもので歓待していただきました。

ヒマワリの種も干されていて、ぽりぽりかじっておられましたけれども、こういう形で農家の方も何とか現金収入を増やそうと努力されています。

最近は農家のほうでも一人っ子政策が増えているので、農家同士のカップルでご結婚されると農地が増えるという形で、時間はかかるかもしれませんが、ある意味でのいい循環が生まれているような雰囲気も感じました。

そういったものも含めて、こちらの吉林周辺というのは、まだまだ大きな可能性を秘めている場所だと思います。それに対して、我々としても、地球全体を見据えたような形で、いろいろな視点を織り交ぜながら考えていく必要があるのではないかと思いました。

古い路面電車も街中に走っていまして、ノスタルジックな形で、街全体も、都市計画がそれぞれ組まれていまして、生活圏とか自然文化圏とか、いろんな形のコンセプトを使って運営されているというのは非常にすばらしいことではないかと思いました。

短いですが、私の報告は、これでおしまいにさせていただきます。ありがとうございました。

長春中之杰実業有限公司常務副総経理　張《ちょう》　英杰《えいけつ》

急成長の菓子製造企業

張　皆さまこんにちは。吉林省長春市の食品加工企業、中之杰《ちゅうしけつ》からまいりました張英杰といいます。このような交流会に参加できることをうれしく思います。吉林省の企業連合会、吉林大学が、このような機会を与えてくださったことに感謝します。関西学院大学の皆さまにも感謝申し上げます。

私どもは、二〇〇二年に創業した小麦のお菓子などをつくる会社で、これから成長しようとする民間企業です。

張　英杰氏

私は一〇年前に大学を卒業し、友人と一緒に、一〇平方メートルの車庫のような工場をつくりました。従業員は二〇名でした。今は、二万平方メートルの工場を持ち、一〇〇〇人の従業員を擁しており、八〇のチェーン店をつくっております。いろいろな努力をして、総括をし、学び、企業連合会の皆さんのおかげで大きくなってきました。

これが、わが社の長春工場です。遼寧省にも、支店、工場などがあります。これは店舗です。例えばスーパーで、このような店舗を開いております。

今、東北地方の皆さんに好まれておりますのは、やはり安全な食品です。今、私たちは、年間二億元の収入があります。最初は数種類でしたが、今は一〇〇の種類、それも二つに分けることができます。

一つは現場でつくるもので、もう一つは、例えば贈答品です。

中国には中秋の名月という行事があり、家族が集まって月餅を食べます。私たちの会社は、もともとの技術から、より新しい種類の月餅をつくり出しました。ここにあるのは、パイの生地を使った月餅です。これはみんなに喜ばれています。中国の有名なお菓子の賞を三年間いただいております。

これは、ちまきです。中国人は、端午の節句のときに、このようなちまきを食べます。除災を祈念するためのものです。私たちは、いろいろな研究開発を進めることで、毎年東北地方で、このちまきで一等賞をとっております。

中国では、一月一五日に、このような餡の入った白玉のようなものを食べます。私たちは、従来のものを中心にして、いろいろな味の、いろいろな色の白玉をつくっています。

これは春節に使う贈答品です。中国の東北地方には、いろんな贈答品があります。とりわけ、旧正月のころのものです。

一〇年間の中で、いろんな評価を得ました。そして、国や省、市からの賞をいただきました。私たちの発展の途上にいろいろな支持、いろいろな手伝いをしてくださった皆さんに感謝したいと思います。

社会への貢献、食文化の変化

私たちはこれから、経営理念を持って、例えば品質、サービス、新しいもの、人々の生活、この四つを大事にしながらつくっていきたいと思います。

私たちは社会に感謝しております。この感謝の気持ちを持ちながら、社会に貢献し、還元していきたいと考えております。この八年間、毎年三回、社会貢献活動を行っております。社会的に弱い人たち、例えば福祉、孤児、身障者、高齢者、これらの人々に、私たちは、社会貢献をしなければならないと思っています。私たちの企業は、規模はまだ小さいですが、そういう気持ちを持たなければならないと思っています。

今、中国の人々は、ただおなかがいっぱいになればいいというのではなく、健康を考え、栄養を考え、バランスを考え、おいしいものを食べたいと考えるようになりました。ですから、私たちもぜひ、そういう気持ちに添って、一〇億人のお客様を目指して経営していきたいと考えています。

また、新しいものをつくりたい。日本には、私たちのすばらしい先輩がたくさんおられます。例えば稲盛和夫さんや、松下幸之助さん、この人たちのようにすばらしい実業家になっていきたいと思っています。

日本の皆さま、ぜひ中国に投資してください。そして、また私たちのために、みんなのために貢献していただきたいと思います。ありがとうございました。

第2セッション
〔医薬関係〕

司　会	土井　教之
報告者	竹安　正顕
	柏　　　旭
討論者	後藤　章暢
	王　　昇平

塩野義製薬株式会社海外事業本部長　竹安《たけやす》　正顕《まさあき》

抗生物質から生活習慣病医薬へ

竹安　塩野義製薬の竹安でございます。

私の所属する海外事業本部は、一月一日に発足しまして、現在はアメリカ、中国等のアジア各国の子会社の経営管理や販売展開を構築しているところでございます。本日は貴重なお時間をいただき、心より御礼を申し上げたいと存じます。

まず、私どもの会社の紹介をさせていただきます。塩野義製薬は、創立が一八七八年、今年で一三四年を迎える古手の会社でございます。道修町に居を構えた、いわば大阪のこてこての会社でございます。

竹安正顕氏

売り上げが二八〇〇億円を超える、日本で言いますと中堅どころの会社でございますが、常に患者さまのために新しい薬を生み出したい、早くお届けしたいということで活動を続けてまいりました。

主な販売は医療用医薬品であり、処方せんが必要な医薬品の売上が九割を超える会社でございます。私どもは、一三四年という長い歴史の中で、実は一〇〇年ほど感染症と向き合ってきました会社でございまして、日本では、〝抗生物質といえば塩野義〟というぐらいのご評価をいただいてきた会社であろうと自負しております。

しかしながら、時代の疾病構造の変化の中で、私どもも生活習慣病というところに大きく舵を切ってきたのがここ数年でございます。なかでも、私どもの大阪の研究所でつくりましたクレストールという脂質異常症の薬がございますが、これはアストラゼネカ社に販売をお願いし、今や世界で六〇〇〇億円を超える大型の薬になってまいりました。大阪発のコンパウンドが、世界の患者さんのお役に立っているということが、私どもの誇りでございます。

医療用医薬品というのは、政府の規制の中で、一般の方々向けの広告ができませんので、ＯＴＣ薬で皆さまにアピールをしているわけでございますが、ご存じでしょうか、ポポンＳとかセデスなどがございます。

そして、私どもは四七年もの長期にわたり、『ミュージックフェア』という、土曜日夕方六時からの音楽番組を提供させていただいております。なぜ、塩野義が歌番組をやっているのかということでありますが、実は、塩野義をアルファベットで書きますと、その中で「ＳＯＮＧ」という文字が入っております。歌と薬はともに人を癒す、ということから、音楽番組を提供させていただいており、これも私どもの誇りの一つでございます。

本日は、中国ということで、私どもはまだまだ緒についたところでございますが、多少なりとも、中国の皆さまのお役に立てるのではないか、と考えていることを述べさせていただきます。

中国医薬品市場の拡大と感染症対応

ご存知のように、中国はその経済発展に伴いまして、今後医薬品の市場もどんどん大きくなってまいります。二〇二〇年には、アメリカに次いで、中国が二番目の医薬品市場になることがさまざまなところで報じられております。

現在の中国の医薬品市場にありましては、感染症が四割程度を占めておりメインでございますが、これから先、日本と同じように、そしてそれ以上の加速度で高齢化の波がやってまいります。特に肥満、メタボリックシンドロームということに起因します生活習慣病、脂質異常症、高血圧、糖尿病、そしてアレルギー疾患、がん、認知症、うつ病をはじめとします中枢神経系疾患へと、大きく疾病構造が変化していくだろうと予測しております。そのような環境変化にあって、今後はいかに予防にお金を投じていくかという議論が、わが国同様、中国でも起こってくるだろうと予測しております。

日本の製薬企業の中国への進出状況でございますが、各社各様、それぞれの戦略により、さまざまに進出しておりますが、私どもは昨年、C&O社という中国の企業を買収いたしました。その本社は広東省深圳にございます。

C&O社は、一九九五年に設立され、売り上げは六五億円ほどの小さな会社でありますが、その主力製品は感染症薬でございます。私どもは、この会社で単に中国での製造を考えているわけではなくて、研究・開発、生産、販売、すべてのサプライチェーンを持っている会社ですので、ゆくゆくは、中国発のコンパウンドを中国で研究・開発し、中国発の創薬を製造、販売していきたいと思っております。そして、臨床デー

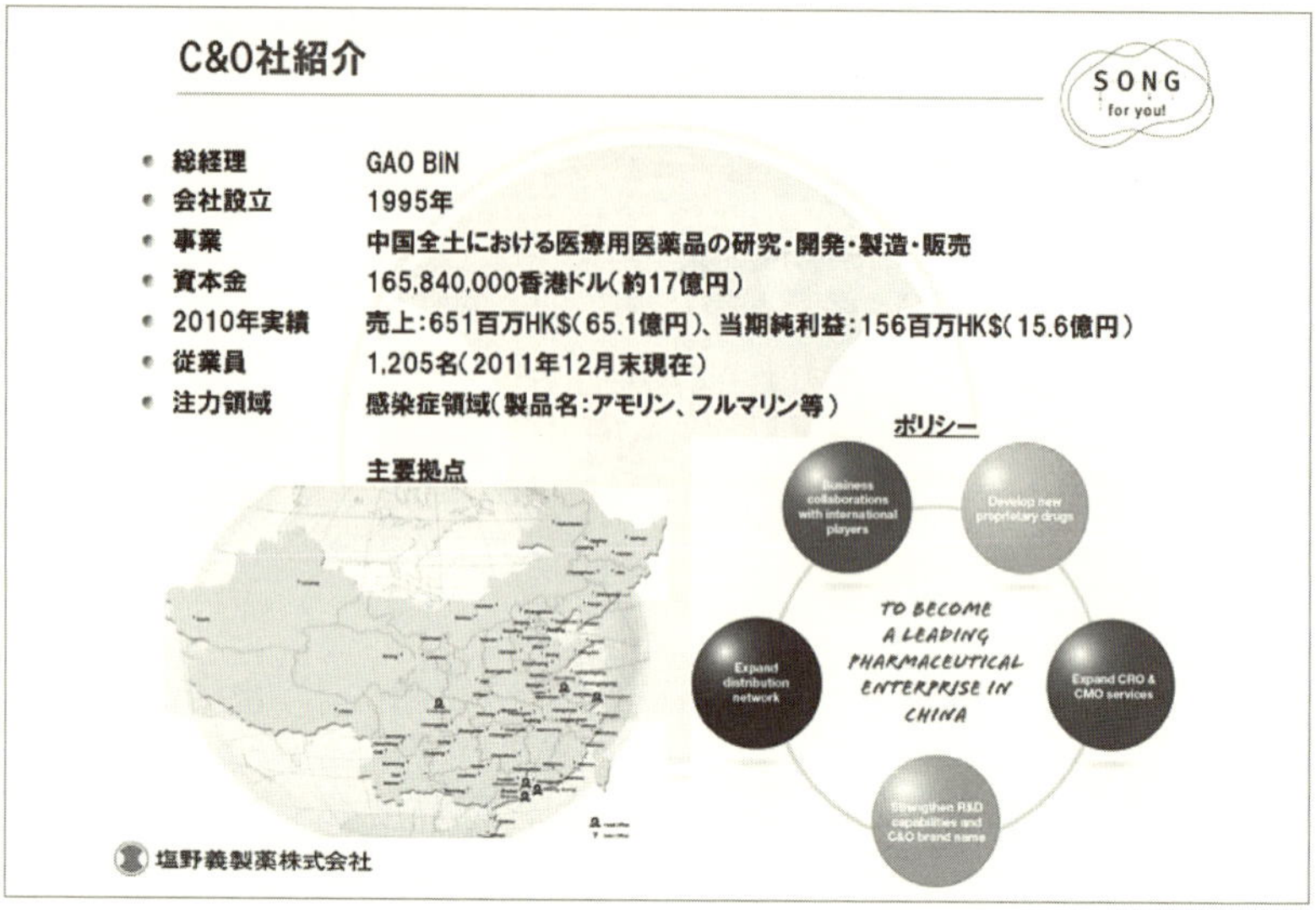
C&O社紹介
SONG
for you!
総経理　GAO BIN
会社設立　1995年
事業　中国全土における医療用医薬品の研究・開発・製造・販売
資本金　165,840,000香港ドル（約17億円）
2010年実績　売上：651百万HK$（65.1億円）、当期純利益：156百万HK$（15.6億円）
従業員　1,205名（2011年12月末現在）
注力領域　感染症領域（製品名：アモリン、フルマリン等）
主要拠点
ポリシー
Business collaborations with international players
Develop new proprietary drugs
Expand distribution network
TO BECOME A LEADING PHARMACEUTICAL ENTERPRISE IN CHINA
Expand CRO & CMO services
Strengthen R&D capabilities and C&O brand name
塩野義製薬株式会社

タ、エビデンスも、中国を基盤として作っていきたいと考え、事業を進めているところでございます。

研究開発の拠点は上海と南京にございます。上海にはSun-Sailという子会社を持ち、南京にはR＆Dの中心的な機能を有しております。

生産の拠点は南京にあり、約二五〇名で三〇種類ほどの製造をしております。営業は深圳を拠点としまして、南京、四川、そして吉林も含めて、全省にわたって販売拠点を有しております。約五〇種の品目、そして情報提供担当者は八〇〇名を有し、全国に適正な情報提供活動をしております。

本日は、中国での私どもの貢献の一つとして、感染症治療への支援という話を持ってまいりました。中国の話の前に、特に日本では感染症は相当克服されたのではないか、と思っておられる方が多いと思いますが、実はそうではありません。ますます細菌は耐性化をする一方で、企業の感染症薬の開発マインドが大きく下がっている状況にあります。感染症対策は、各国でひそかに危機

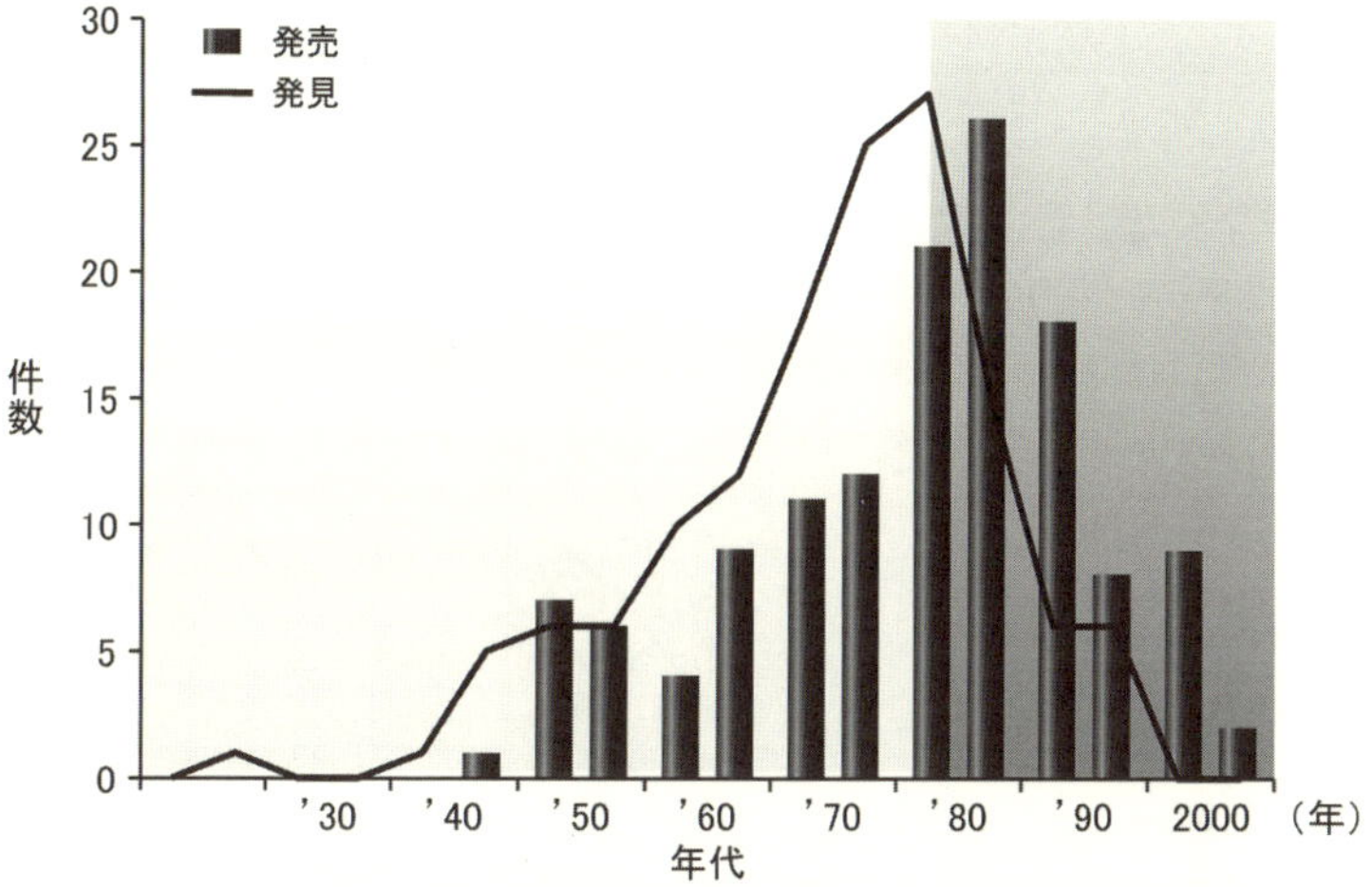

八木澤守正監修．最新「抗菌薬」一覧表．MEDICAMENT NEWS（制作ライフ・サイエンス）．2003年～2006年をもとに群馬大学 藤本 作成

図1　新規抗菌薬の発見の報告・発売（日本）

的な状況になりつつあり、中国においても同じ状況である、ということを含めて、お話をさせていただきたいと思います。

さて、図1は少し古いですが、二〇〇〇年までの日本のデータでございます。棒グラフは、上市された抗生物質の数を示し、折れ線グラフは、発見されたコンパウンドの数を示しております。ともに八〇年代をピークにして、急速に減ってきているのがお分かりいただけるかと思います。

抗生物質の開発減少と耐性菌の増加

これは日本だけではなくて、数々の抗生物質をつくってきたアメリカ、ヨーロッパも同じ傾向にございます。

図2の一番右を見ていただきますと、これは日本におきます右肩下がりの抗生物質のマーケットでございます。これを見ますと、企業としてのマインドが下がるのもうなずけます。度重なる薬価改定によりまして、どう

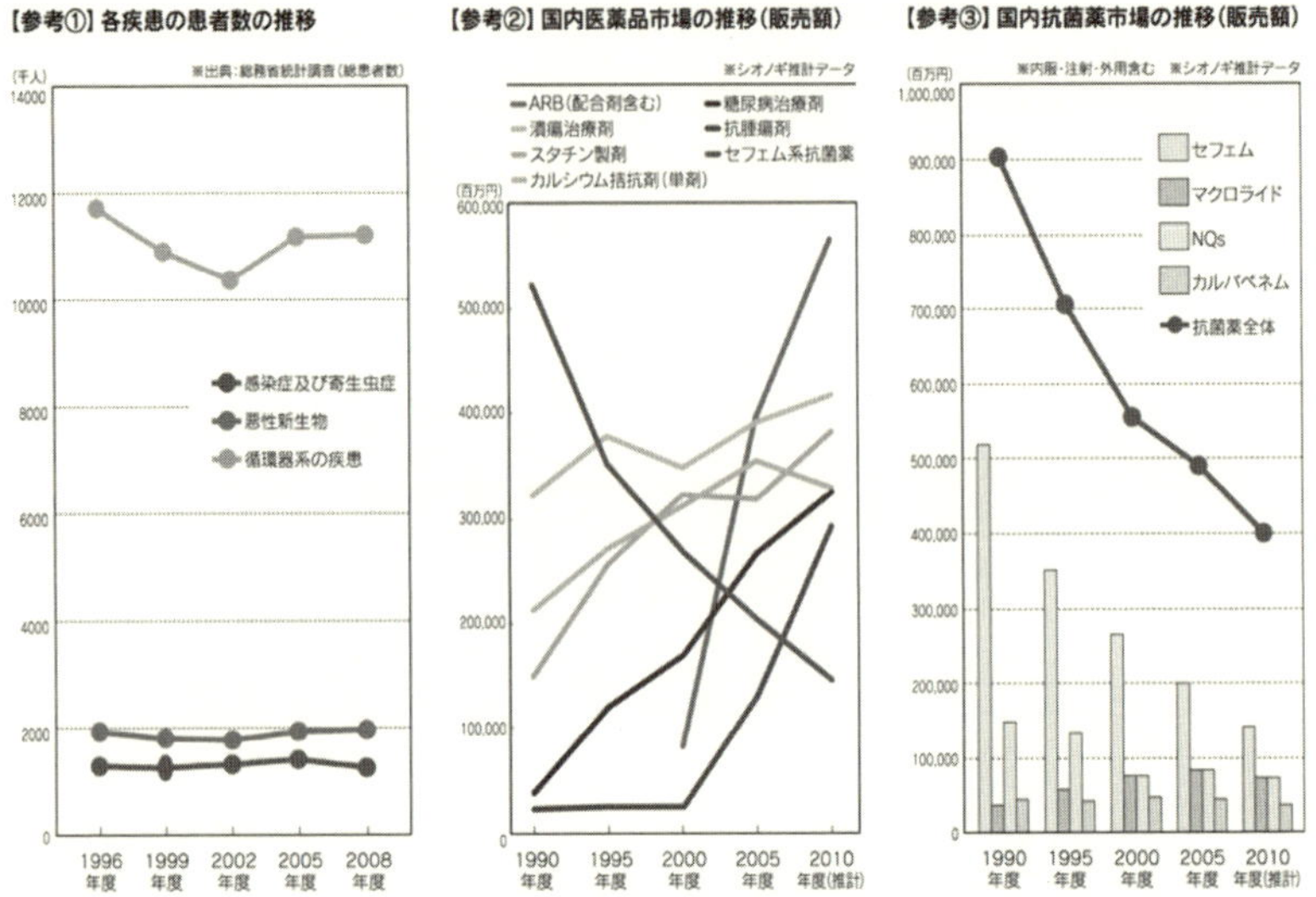

図2　抗菌薬をとりまく環境（日本）

してもこういう構造になって、他の慢性疾患、生活習慣病などと同じように、非常にコモディティー化しているのが現状でございます。

しかしながら、抗生物質は、唯一人間と違う生き物に対峙し、常に進化する細菌を相手に戦うわけですので、販売する会社は、本来、次の抗生物質をちゃんと用意する必要がある薬剤でございます。そういう宿命をもった抗生物質が、他の品目と同じ扱いでよいのかどうか、非常に悩ましい問題であると考えておりまず。左端のグラフで一番下のラインでございますが、一方で、感染症の患者数は減っておりません。ですから、患者さんは減っていない、かつ、使う薬はどんどん減っていく、開発される薬の数も減っている、その中で耐性菌が増えてくる、というなんとも悩ましいイタチごっこのジレンマの状況にございます。

さて、図3の横軸は、人類の歴史を描いておりまず。縦軸は、抗生物質の使用量です。上の部分が耐性菌の進化ということを示しております。人類が長い年

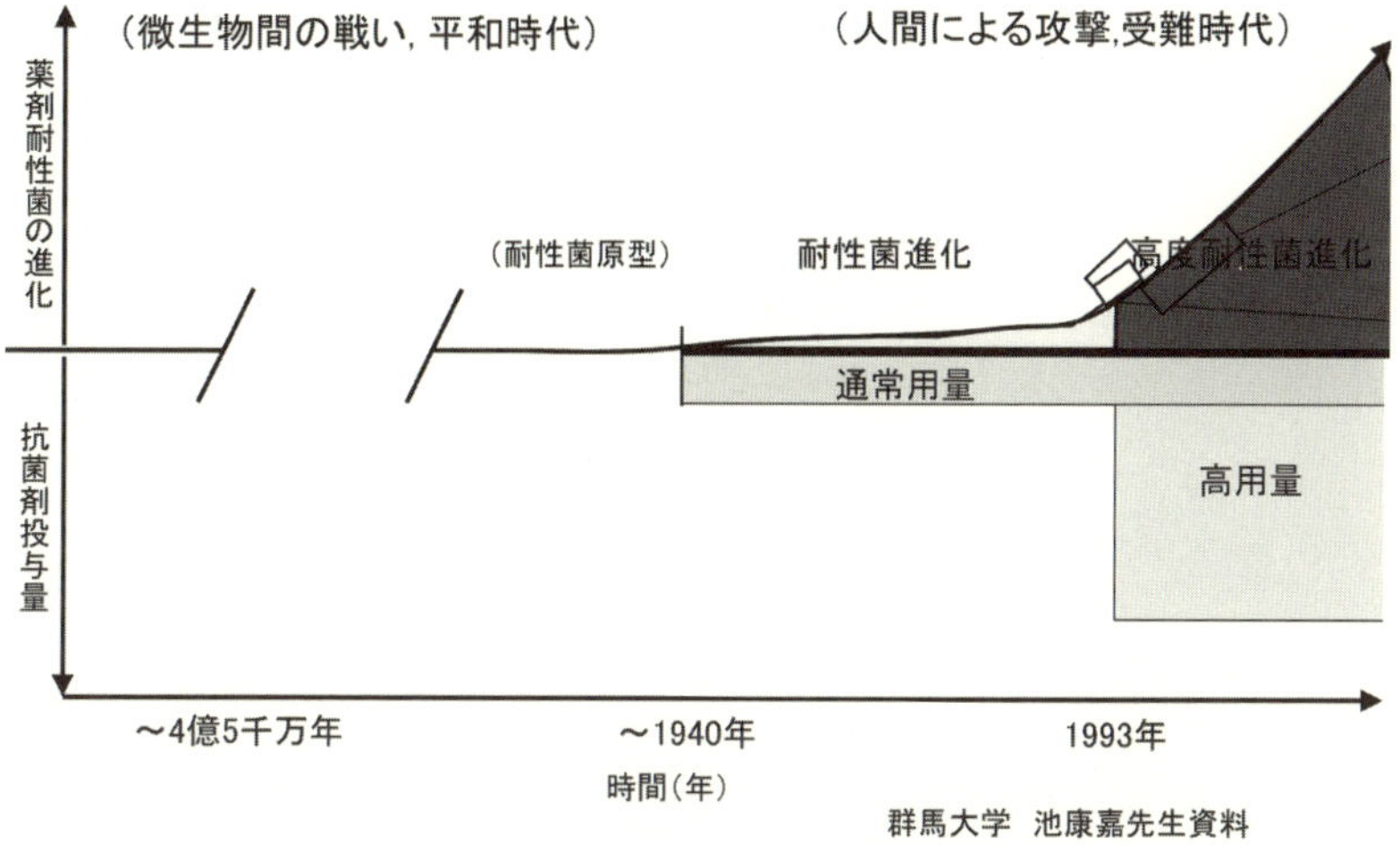

図３　生物（細菌）の歴史と耐性菌の進化

月を生きてまいりまして、一九四〇年代に初めてペニシリンを世に出したわけです。ですから、抗生物質による菌との戦いを始めて、まだせいぜい七〇年程度の歴史しかないわけですが、ここへ来て、一九八〇年代をピークに、多くの会社において、薬の開発が感染症から、慢性疾患へと移っていきました。そういう環境にあって、とりあえずはそれほど効かないけれども、一度にたくさん使えば効くのではないか、ということで、そういう使われ方がされ始めたのが最近の傾向となっております。遺伝子が耐性に変化したものは、抗生物質をたくさん使っても効かないということは科学的に証明されているわけですが、しかしながら、効く薬が開発されなくなってきた時代にあって、そのような使い方もなされております。一方で、一つの薬を大量に使いますと、人間の腸内にある正常な細菌叢がダメージを受け、そこに耐性菌が増加してくるという、非常に悩ましい局面を迎えているのも現状でございます。

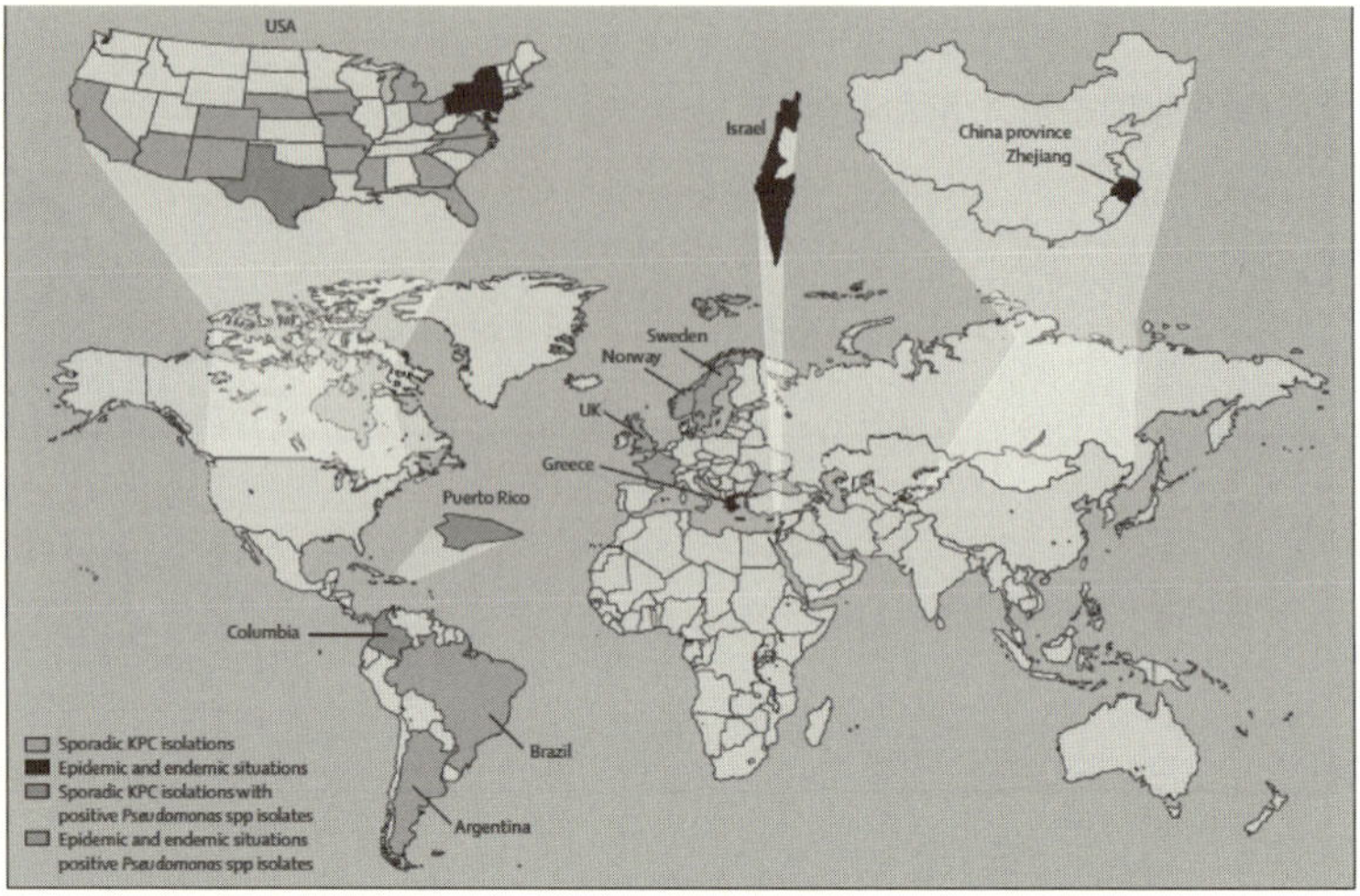

Figure 2: Geographic distribution of KPC worldwide

Patrice Nordmann, et al. The real threat of *Klebsiella pneumoniae* Carbapenemase-producing bacteria. Lancet Infect Dis. 2009; 9:228-36

図４　肺炎桿菌（KPC+）、緑膿菌（KPC+）の世界の流行地域

図４は著名な医学雑誌『Lancet』に二〇〇九年に掲載されたものでございますが、肺炎桿菌、そして緑膿菌という耐性化すると非常に治療が困難で、なかなか効く薬がないというものが、世界各地で流行しているということを示しています。いったん病院の中にそれらの菌が定着し、院内で感染が広まりますと、徹底的に消毒するなどの感染制御対策が必要となり、大変厄介なわけでございます。

この地図で見て、耐性化が多い国、地域を濃い色で表しておりますが、アメリカでは結構危機的な状況にあり、またアメリカに近しい国、地域で色が濃くなっているように見えます。

アジアと耐性化率

実は、中国も上海地区で色が濃くなっておりますが、アジア全体として見ますと、まだそうでもない地域が多い状況にあります。また日本は、極めて耐性化率の低い国でございます。これは、確証はございませんけれども、日本は一生懸命、企業が抗生物質を開発してきた国でありまして、効果の高い新薬を、先生方が、短期間、適正に使ってこられた賜物ではなかろうかと思っております。

大変手前みそになりますが、私どもは二年前に、なかなか効く薬がなくなった現状において、どのように販売すべきかということを真剣に議論し、いまや量を闇雲に追うのではなく、適正に使っていただく活動をするべきだ、という結論に至りました。そして、私どもは感染症対策を国家の重要なリスクマネジメントと位置づけまして、何らかの形でお役に立てるやり方はないのかということで、感染症薬適正使用推進室という組織を立ち上げた次第でございます。

私どもが〝適正使用〟と言っている定義ですが、やはり患者さんの状態に応じて、効く薬を短期間に使っていただく、ということでございます。例えば肺炎で、だらだらと炎症が続きますと、肺の組織が破壊されますが、これは不可逆的だといわれておりますので、患者さんの身体を守るためにも、一日も早く感染症を治す、そして、耐性菌を生まないために抗生物質をダラダラと長く使わないことが不可欠、だと思っております。

北京大学でされております抗生物質の感受性のサーベイランスがあります。肺炎桿菌という、非常に厄介な菌がございますが、サーベイランスではＥＳＢＬのマイナスとプラスを示しております。プラスになれば、さらに耐性化が進んだと認識いただければと思いますが、かなりの薬で耐性化が進んでいる状況にあります。

また手前みそでございますが、ＭＯＸと略される私どもの薬がございまして、サーベイランスによればその他、二つ、三つほど、まだ効く薬があるというのは、なによりの救いであります。ですから、まだ効果のある薬剤を今後適切にお使いいただく必要があるということは、中国でもまったく同じであると、改めて認識したわけでございます。

大腸菌につきましても、同じ傾向にあります。

日中相互交流とアジアのスタンダード作りへ

中国におきましては、昨年、抗生物質の適正使用の目的で、管理弁法という法律が検討され、現在は素案の段階で、順次運用されております。三級病院、二級病院という、大きな病院で使用制限、あるいは採用数が制限されるという中で、抗生物質の適正使用への取り組みが始まっていくものと認識しております。日本で耐性化が少ないということですので、日中両国の先生方同士で、良好なリレーションシップを結んでいただきながら、感染症対策に関して相互交流を更に図っていく必要があると考えております。そしてゆくゆくは、アジアとしてのなんらかのスタンダード、ガイドラインのようなものができるのであれば、それは一つの大きな成果であろうと考えております。そういった中で、これまでの日本での私どもの適正使用への取り組みが、中国において何らかのお役に立てないかと、真摯に考えております。

そして、これから高齢化社会を迎えるに当たりまして、日本でもそうですが、高齢者の肺炎という問題が大きくなってまいります。特に誤嚥性肺炎はお年寄りにはつきものでございますので、こういった対策も、これから十分検討する余地があろうと思っておりますし、抗結核薬、抗エイズ薬を含めまして、私どもは順

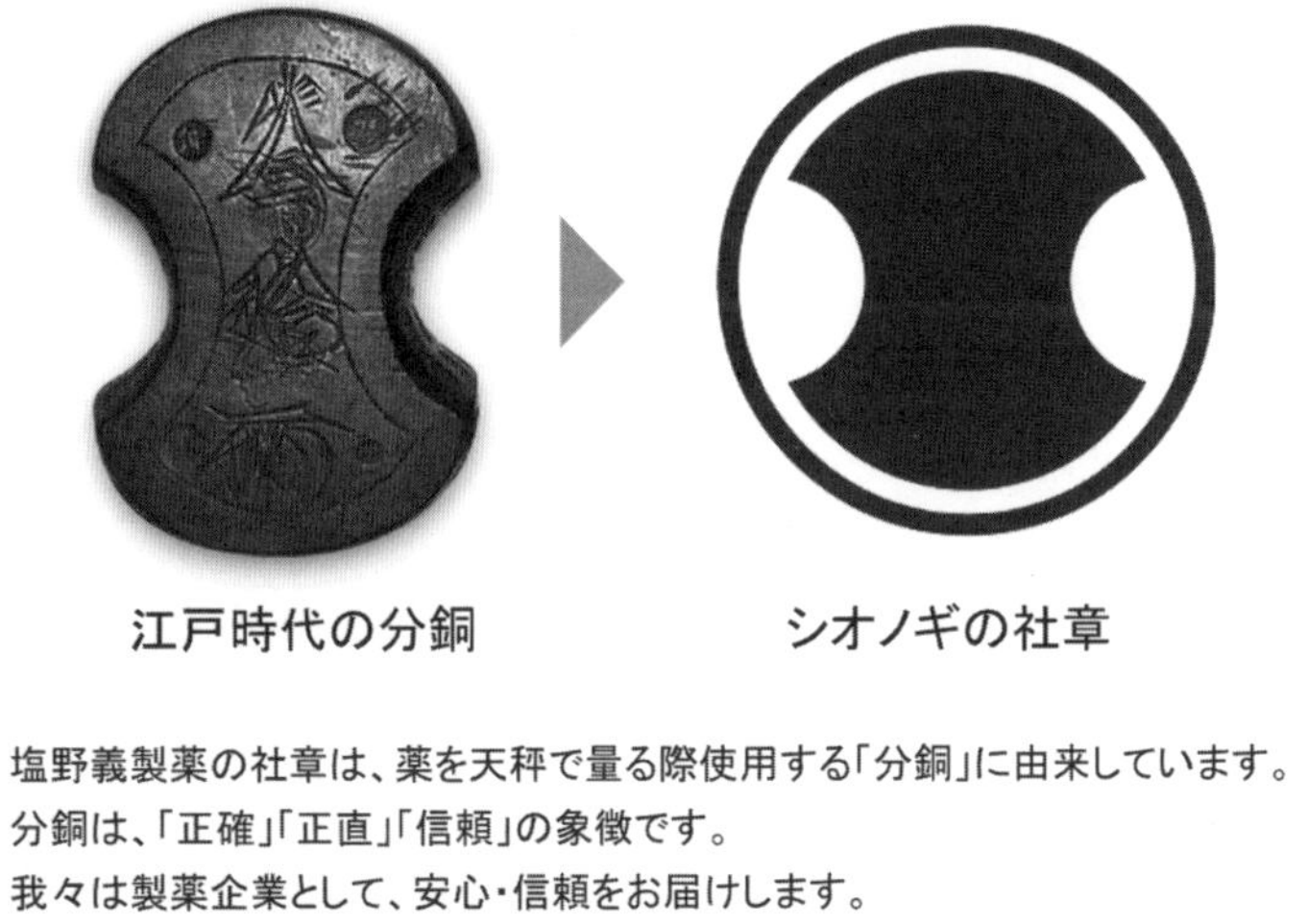
江戸時代の分銅
シオノギの社章
塩野義製薬の社章は、薬を天秤で量る際使用する「分銅」に由来しています。
分銅は、「正確」「正直」「信頼」の象徴です。
我々は製薬企業として、安心・信頼をお届けします。

図 5

次開発中でございますので、いち早く中国でも上市できればと思っております。

最後になりますが、私どもの社章は、この〝分銅マーク〟（図5）でございます。これは、江戸時代の薬の重さを測る天秤の分銅に由来しております。その心は、安心、信頼、誠実ということでございます。そのような会社であり続けたいと考えております。

長くなりましたが、ご清聴ありがとうございました。

吉林大学組合化学与創新薬物研究センター主任　柏《はく》　旭《きょく》

創薬と研究開発

柏　皆さま、こんにちは。柏旭と申します。吉林大学からまいりました。

私は一九八四年に吉林大学を卒業し、アメリカに有機化学の勉強にまいりました。アメリカの企業で有機化学について学び、吉林大学に戻ってまいりました。同時に、化学、薬学の教授も勤めております。

今回のフォーラムは二回目ですが、参加できることをうれしく思います。井上学長から、関西学院大学と吉林大学の歴史を伺いました。また、経済学院の教授から、吉林大学と関西学院の歴史も伺いました。このような交流のるつぼの中に私も加わることができて、うれしく思います。

柏　旭氏

私の専門についてというより、前回お話をいたしました内容について、つまり創薬についてお話をしたいと思います。

四つの内容についてお話をしたいと思います。例えば、創薬研究開発の商品化、中国の機械と長春の創薬の優位性、研究基地の構想と現状、また、時間があれば、長春吉大天元化学技術株式有限会社。私は総経理をしておりますので、ここのお話もしたいと思います。

皆さまご存じのとおり、一九八〇年代、分子生物学というものが非常な速度で発展してまいりました。つまり、これは創薬における非常に大きな発展だと思います。

創薬の研究開発は三つに分類することができます。まず、合理化、ターゲットのスクリーニング。そして有効化・効率化・システム化ということです。このような技術が今、出現しました。つまり、これからは、よりシステム化していかなければならないということです。三つ目は、組み合わせ化学(コンビナトリアル・ケミストリー)の技術です。医薬性と物理性、つまり、組み合わせ化学というものが今、注目されております。これは、技術、代理化という言葉で表現することができると思います。化学研究の代理化。代理化と私がつけた言葉が適当かどうかわかりませんので、皆さまから教えを請いたいと思います。

それと同時に、商業化、商品化という意味でも重要な役割を果たしております。製薬技術の会社、それとCRO(Contract Research Organization 医薬品開発業務受託機関)の出現です。

一九八〇年代から一九九〇年代中期にかけて、とりわけアメリカでCROのセンターが出現しました。例えばボストン、ニューヨーク、カリフォルニア、シカゴなどにCROのセンターができました。なぜ、そういうものが出現したのでしょうか。ここには、創薬研究の商品化ということがかかわっていると思います。

このCRO、商品化という言葉はそれほど聞きませんが、薬品の学術研究をする人たちは、研究したものを企業に渡して、そこで商品化、産業化をするわけですが、これはどうしてでしょう。その基礎研究をする人は、昔ほど複雑ではありません。一〇〇年後には、このような薬品の商品化ということが現れるのではないかというお話がありました。今は、まだそのレベルにはありませんが、薬品のスクリーニングにしても、組み合わせ化学（コンビナトリアル・ケミストリー）にしても、実験室でさまざまなことが現在、行われております。また、さらに一つは、操作の機械化、化学スタッフの技能の簡素化などがあるでしょう。

では、ＣＲＯの移転についてお話をしたいと思います。例えば、創薬にかかわる人々の資質が昔ほど高くないということが言えます。二〇〇〇年以降、上海近くから、北京、天津、深圳、広州へとＣＲＯが移転するようになりました。そして、今は大都市から二番手の都市、三番手の都市、例えば武漢、成都、石家荘、西安などで創薬をするようになりました。

そこで考えるのは、長春は東北の創薬のセンターになれるのかどうかということです。長春にそのような可能性はあるのかどうか。先ほど、専門家がこれについてお話をしてくださいました。

中国での創薬

このようなＣＲＯが出現することによって、中国での創薬が一つの産業となって出現いたしました。では、中国の創薬、研究開発の機会というものは、どうなっているのでしょうか。内需はあるのでしょうか。中国は、以前は潜在力のある市場といわれましたが、今は既に有力な市場になっております。高くても、売れるのです。私が見るところ、今の中国には豊かな資金市場があります。ですから、潜在力のある市場というよりも、実態のある市場に変わってきたということです。

また、国内の学術界も今、転換期にあります。例えば、以前は基礎研究を中心に行っていましたが、最近では基礎研究から応用研究へと、多分野への転身を図る人々が期待されております。彼らの出現が待たれております。

また、以前は創薬に多くの資金を投入していませんでしたが、最近では投入額も増えました。ですから、政府からの支持も得ております。また、そのおかげで、今、中国は国際創薬・投資の第一の選択肢、最も適した場所だともいわれております。

次に試練ですが、私たちのマイナス要因は何かということですが、一つには、プロジェクトの数が少ない、経験が足りないということです。そして、十分な学術研究はおこなわれていませんし、一部の人たちが政府の資源を独占しているということです。

また、多くの科学技術資源が、応用研究への資源へと変わりつつあります。私の経験から見て、これからは、科学研究をする中で極端に利便性を追求することは避けなければなりません。そして、科学スタッフの、浮ついた、落ち着きのない態度も戒めなければなりません。これからは、効率の高い研究パターンを追求していかなければならないと思います。

それは具体的にどういうことかといいますと、国際的、効果的な研究開発のモデルや経験を学び、それを参考にしていかなければならないと思います。

ここ数年は、創薬という面で非常に大きな成果を上げております。例えば、糖尿病を治療する薬などがあります。極めてすばらしい薬ができておりますし、そのためにも国際的な協力関係を強めていかなければなりません。そして、中国は人の力、天然の資源がたくさんありますので、その優位性を生かしていかなければなりません。また、開発の潜在性のある地域が吉林、長春だと私は思います。

長春の医薬産業と研究開発拠点の構想

では、実力面から言いますと、ここは科学の力があります。ほかの先進国に比べると、まだまだ立ち遅れておりますが、私が大学におりましたときは、長春というのは非常に有名なところでした。

次に、最近は経済が高度成長にあり、その中に医薬産業があります。また、これを政府が重視しております。政府は従来型の工業の拠点として東北地方を躍進させようと、優遇政策をとっております。私は瀋陽からまいりましたが、ここに来て、中国のたくさんの都市、上海も含めて、東北地方、長春にこのような新たな状況が生まれていることを知って、私は実際、驚いているところです。

では、次に、長春創薬研究開発拠点についてご紹介しましょう。

開発拠点ですが、国際的に影響力を持つ医薬産業のサービス拠点にしていこうと考えております。そして、イノベーションで突き進む製薬企業がここにはあります。また、国際的な産官学連携が、ここではできると思います。

さらに、長春の人的資源、東北地方の天然資源、先ほど、姜先生もおっしゃいましたが、吉林省の長白山にはたくさんの薬材があります。自然の資源です。また、吉林大学を中心とする大学の総合学科、これらが優位性を持っております。つまり、新たな医薬品の基礎研究、人材育成、そしてサービスの三つを有機的に結合させなければなりません。

では、具体的に拠点としての構想にはどういうものがあるのかということですが、一つには、国際開発区を建設しなければなりません。これは、研究スタッフの生活が一体となった総合エリアです。さらに、新たな医薬企業のインキュベーター、応用の成果をより大きくしていかなければなりません。このようなインキュベーターを応用しながら、国際的な創薬研究開発とＣＲＯの集まったエリアをつくっていかなければなりません。

その結果、何ができるかというと、政府、資金、学術研究、産業が有機的に連携することが可能になります。政府は優遇政策を提供します。また、国内外の融資を呼び込みます。大学、または研究機関はプロジェクトを提案します。部門別管理、協力によって商業を開発し、またマーケティングを行います。また、時期が来れば、そこで合併や再編や拡大などを行います。それが私どもの拠点での構想です。

現状はどうでしょう。現在は、準備段階です。既に政府からは、たくさんの許可を受けております。政府の強力な支持があります。高度なサービス拠点都市に指定されております。今、計画中ですが、研究開発、スタッフの生活が一体となった一〇万平方メートルの相互エリアをつくっているところです。

投資の意向も既に確定しています。一期投資額は、五〇〇〇万人民元です。

また、国内外の大学、研究機関が我々の呼びかけにこたえてくれています。長春吉大天元化学技術株式有限会社は長春に企業を置いております。

次に、総合学科の優位性、吉林大学のことです。吉林大学は、最強の化学学部を持っております。また、ライフサイエンスの実力があります。ライフサイエンスには非常に力があります。さらに医学研究、臨床制度が整っています。アジア最大の病院が、ここにあります。また、新たな医薬学院、高度成長を続ける研究チームがあります。多くの研究室、実験室がここにあります。

次に、拠点とWin-Winの関係についてお話しします。吉林大学は医薬品の成果を産業に結びつける拠点です。応用型人材の育成をする拠点です。また、長春は国家バイオ医薬拠点としての地位を強化し、日本の技術、とりわけ創薬についての成功例に学びます。

また、日本の大学と研究機関は、中国を応用拠点とするのもよいかと思います。中国の大学、企業と協力するためのプラットフォームです。

吉大天元化学技術株式有限会社（長春）

では、この機会に、長春の吉大天元化学技術株式有限会社をご紹介したいと思います。

ここは化学を中心としたＣＲＯ、薬物化学を中心にしております。経験も豊富で、力もあります。実験の条件も、サービスの条件も整っています。いずれにしろ、創薬の組み合わせ化学（コンビナトリアル・ケミストリー）という意味では、非常に能力のあるところです。

アメリカから帰ってきた優秀なスタッフがおりまして、彼らがチームを組んでおります。六〇名ほどがおります。また、国際的知名度の高い学者、管理者が多くおります。例えば、アメリカで二〇年ほど仕事をして、ここに帰ってくる。二〇年ほどの経験を持っております。若くて、力のある管理者も帰ってきております。

また、いろいろな学際的な研究を行って、この会社に入ってくる人たちもおります。吉林大学が育成し、学位をとり、具体的な仕事をした上で、この企業に入ってくる人たちもおります。

これは、企業の現在の条件です。国際的に力強いパートナーもおります。アメリカの教授と我々はコンタクトをとっております。

時間の関係で、残念ですが、お話はここまでとします。皆さま、ありがとうございました。

兵庫医科大学先端医学研究所教授　後藤《ごとう》　章暢《あきのぶ》

製薬企業と中国

後藤章暢氏

後藤　兵庫医科大学の後藤と申します。このたびは、関西学院ならびに吉林大学の本フォーラムの関係者の皆さまに、このような発表の機会をいただきまして、深謝いたします。

私の肩書きからすると、バイオの話題で次のセッションかなと思っておりましたところ、このセッションでコメントをということですので、簡単に自己紹介します。私は、この後のセッションでお話が出てきます、関西のバイオのメッカでこれまで活動してきました。この地域をまとめた関西バイオ推進会議というところで専門委員もやっておりました。

実は、前職で神戸大学におりましたので、神戸の医療産業都市構想というものに、一九九八年の立ち上げのときから、計画立案に携わっておりまして、現在もそこでの医療機器開発センター長なども兼務しております。

そんな関係で、本日は医薬企業というテーマですが、私自身、現在も臨床医として働いており、多くの日本の製薬企業とも交流がありますし、私自身も創薬企業としてベンチャー企業を創業して、中国のあるエリアとも連携して、現在はまだ開発途上のところです。そういうことで、本日は、日本側から見た製薬企業のあり方に対して、一言、言わせていただこうかなと思います。

日本企業、特に大震災後は、日本全体の景気も悪くなって、沈滞しております。それに比べて、中国は非常に活気があるというのが皆さまの認識だと思います。

ただ、医薬品に関しては、中国はまだまだ、病院への出荷ベースというものを考えたとき、二〇〇八年度では約二兆円ぐらいの規模でした。ただ、二〇〇五年以降では、年率で一六パーセントほどの成長で来ております。それに対して、日本の二〇〇八年度の薬品の出荷ベースは、約七・七兆円という規模ですから、まだ三~四倍、日本のほうがマーケットは大きいということです。

ただ、日本の場合は、年率三・一パーセントの成長ということで、経済成長が悪い中でも、日本の製薬企業は成長しています。しかし中国に比べると、成長の度合いははるかに低いというのが現状でございます。

皆さまご存じのように、中国はGDPでも世界第二位ということで、経済大国になって、日本は完全においていかれた形ですけれども、医薬品の分野におきましても、近い将来、中国は世界第二位になると世界中が見ております。

中国で研究開発拠点を

そこで、興味深いデータがありましたので、今日は毎日新聞社が共催ですが、読売新聞から持ってきました。

		2007年度		2009年度
地域統括拠点	日本	①23%	↘	④10%
	中国	③18%	↗	①42%
製造拠点	日本	⑤ 3%	↘	⑥ 1%
	中国	①62%	→	①64%
研究開発拠点	日本	①30%	↘	②21%
	中国	②25%	↗	①33%
事務管理拠点	日本	②15%	↘	⑤ 8%
	中国	①24%	→	①39%
物流拠点	日本	③11%	↘	⑤ 3%
	中国	①41%	→	①63%

経済産業省が外資系企業約200社を対象に日本、中国、インド、シンガポール、韓国、香港のうち、どこが魅力的かを調査。　（2012年2月読売新聞より）

図1　外資系企業からみた日中に対する投資魅力

図1は、経済産業省が製薬だけではなく一般の外資系企業に対して行ったアンケート調査で、日本と中国に対する投資の魅力はどうかということです。

左に書いてあります五つの項目、統括拠点、製造拠点、研究開発拠点、事務管理拠点、そして物流拠点という項目で、日本と中国は、二〇〇七年から二〇〇九年にどう変わったかということですが、アジアの中で、日本、中国、インド、シンガポール、韓国、香港で、丸で囲っている数字は、そのときの順位です。

見ていただくと一目瞭然で、中国はすべてが一位になっております。二〇〇七年に一位のところも、そのまま一位が維持されておりますし、二〇〇九年にはすべて一位という形で、アジアでトップの国になっています。それに対して、日本はガタガタです。この中で特に注目していただきたいのは、医薬企業についてです。

製造拠点と研究開発拠点というものが一番大事で、現在、欧米の大手製薬企業は、中国での人材、販売とか製造の人材に関しては、日本と同じぐらいの数が出ておりますが、研究開発に関しては、日本の製薬企業はあまり進出しておりません。出遅れております。

それに対して、二〇〇〇年に入って、欧米の大手製薬企業は、すべて中国に研究開発拠点もつくっております。その辺の差が大きな開きになっており、欧米の企業は、現在、日本よりも中国を見ているというのが現状でございます。

ただ、これがすべて吉林省に向いているのかは、わかりません。中国の中でも、違う場所が既にスタートしております。

本社と現地との温度差

そして、二〇〇九年に野村総研から出ている興味深いデータがありますが、要は、中国に進出していますが日本の製薬企業に対するインタビュー調査で、現地中国にある会社と、日本にある本社との温度差、考え方に大きな違いがあるという報告を出しております。

現地中国で働いている日系の製薬企業の人たちは、中国のマーケットの大きさから、今後の成長というものをひしひしと感じています。それに対して、日本の本社側の考えは、中国に対して失礼かもしれませんが、法令対応リスクとか、後発医薬品の対応リスク、また類似製品の対応リスクなどで、まだまだ環境が未成熟であるという懸念を持っております。

この情報社会ですので、二〇一〇年、二〇一一年から、ＳＦＤＡを中心にしまして、中国でもいろいろな規制をつくり、欧米に沿うような法改正、取り決めがどんどん出てきておりますので、これからはその辺が進んでいくと思います。そういう意味で、日本の企業もそういうところを見て、考え方を変えていく必要があると思います。

そのためには、中国の潜在市場というものの探索、また開拓をする戦略策定が必要になってきます。また、それには企業だけではできないということで、多くの日本企業の方が中国に滞在されていますが、今回のように、大学同士がまず手を結び、そこに企業を巻き込み、そして両方のエリアで何かをつくっていく。ここは、関西学院が得意な戦略的な分野でやっていき、そういう形ができれば、それが本フォーラムの成果になっていくのではないだろうかと、私は見ております。

日中連携の成長戦略

今後のことですが、日系製薬企業にとりましては、新しく求められている製品領域や、後発医薬品の状況、また、中国は大きいですし、吉林省も海側と内陸側で若干違うと思いますし、中国全体を見ても、沿岸部と内陸部の違い、また、医療機関でも等級というものがあると思いますので、その辺の特性。そして、さらに中国の国民、それが薬にとっては顧客となりますので、人々と製品というところでの観点を考えまして、中国における成長戦略を策定していただきたいと思います。

また、それは日本で策定するだけではなく、中国の方と一緒に、連携のパートナーとともに決めていくことが、失敗しない方法ではないだろうかと思います。それには目標設定が大事ですし、先ほど言いましたように、日本の本社機能と現地子会社との意思の齟齬をなくし、速やかな意思決定の方法もこれから改良していくべきです。

そのためには、関西学院大学、吉林大学という大学が仲介に入り、研究開発もともにやり、そこに企業が参加して共同で開発していく、そういう形になることが理想ではないかと思っております。

以上でございます。

吉林華康薬業股扮有限公司副総経理　王《おう》　昇《しょう》平《へい》

吉林華康薬業股扮有限公司

王　皆さま、こんにちは。王昇平と申します。吉林華康薬業股扮有限公司からまいりました。今回、第五回日中経済社会発展フォーラムに参加できて、大変うれしく思います。日本の関西学院大学の皆さま、吉林大学の皆さん、吉林の企業家協会がこのような場を与えてくださいましたことに感謝を申し上げます。

薬品業界の交流を促進するというテーマで、三つについて発表したいと思います。

王　昇平氏

一つ目は、私どもの会社の紹介、また重点製品をご紹介したいと思います。

今回は、まず華康薬業の状況を皆さまにご紹介して、私たちの製品を知っていただきたいと思います。また、これから日本でのパートナーを探していき、私たちの商品を日本に広めていきたいということです。

二つ目は、協力の機会を探していきたいと思います。中国には資源の優位性があります。日本の技術、製品と結びつけて、中国の市場をハイスピードで開発したいと思います。

三つ目は、日中交流の促進です。このような交流を通じて、文化と情報の交流を進めていきたいと思います。とりわけ、吉林省と関西地域の医薬・保健食品の交流を進めていきたいと思います。この三つを中心にお話ししたいと思います。

わが社は医薬品の研究開発、生産、マーケティングを行っており、一九九〇年に創業しました。場所は長白山、牡丹江の医薬の町。午前中、姜さんもお話しくださいました、吉林省の敦化というところに企業を置いております。敷地面積は一五万平方メートル、総資産は五億人民元、純資産一・四億人民元、二〇一一年の企業の生産高は五億人民元、売り上げ収入は四億人民元、従業員数一〇〇〇人です。

企業には、ＧＭＰ（Good Manufacturing Practice 適正製造規範）の基準に合った工場が五つあります。例えば、前処理・抽出、原材料の薬、固体製剤、注射薬、動力などです。

企業発展の要因

私どもの商品は、一つに血栓、心臓血管に関する錠剤、またカプセル、冠状動脈に関する錠剤などです。また、私たちはＧＭＰの基準に合わせて、製品の品質を保証しております。さらに、アフターサービスに力を入れております。また、私どもはインターネットでもアフターサービスを提供することができます。

さらに、企業には国家クラスのポストドクター研究ステーションがあります。省クラスの技術センターがあり、省クラスの研究開発と学術センターがあり、多くの専門家を採用し、新たな薬の開発をしております。また、特許一二件、国家の保護品種七件、国家重点製品三件、吉林省の有名ブランドが一五件あります。さらに、一〇種類の国家基本薬物目録に入っております。また、一九の国家・町医療保健目録に入っております。また、国際発明博覧会で、三つの金賞をとりました。

私たちの商品の名前で、ショウシュンハイというのがありますが、これは中国の消費者から喜ばれております。

前後して、企業は国家の重点ハイテク技術企業、また信用のある企業と考えられています。吉林省から栄誉ある称号も受けました。

次は、私たちの企業の優位性。一つ目には、地域の優位性ですが、長白山にあります。ここは中薬、いわゆる漢方薬の資源の豊富なところです。例えば、人参、カンコウ草、五味子《ゴミシ》、貝母《バイモ》などがあります。

次は、交通の優位性です。高速道路が二つありますから、輸送も大変便利です。

そして、科学技術の優位性。企業は一四〇〇万元を投入し、吉林大学から六〇〇万元の投資を受け、二〇〇〇万元の研究開発プラットフォームをつくっております。さらに、六〇〇〇万人民元を投入して、北京医科大学、瀋陽薬科大学、天津薬物研究院などと新製品の開発を行っております。さらに、国家クラスのポスト・ドクター・ステーションをつくり、省クラスの技術センターなどもつくっております。

次に、マーケティングの優位性です。全国に四〇〇余りのネットワークを持っております。

そして、製品の優位性。国家一類の新薬が一つ、これは人参、ステビオサイド、今も研究の最中です。次に、二類の新薬が四つ。例えば、カンコウ草丸薬、注射用の薬、あるいは貼り薬などです。さらに、泌尿器関係の錠剤、あるいは血栓、心臓血管に関する錠剤、また低分子の注射薬、あるいは保健医薬品、健康食品などです。これらは今、生産の許可を待っているところです。

次に、これは国からいろいろな賞を得ていますが、これについては割愛いたします。

主力の製品群

次に、血栓、心臓血管錠剤についてご紹介しましょう。これはわが社の主力製品です。これは、川芎《センキュウ》、丹参《タンジン》、水蛭《スイシ》、毛冬青《モウトウセイ》、沈香《ジンコウ》、ジャコウ、人参の茎と葉、ステビオサイドなどでつくったものです。これは、肝疾患、狭心症などに効果があります。例えば血流を増やしたり、冠状を拡張させたり、また冠状動脈の血流の時間を長くしたり、あるいは、心拍を調整したり、冠状動脈の血流をよくしたり、抗凝固剤、血栓の溶融、脳血管の拡張などにも有効です。

この商品の研究開発は、国によって、東北地方の従来型工業の拠点プロジェクトとして、国から一〇八四万人民元の資金を得ました。二〇〇六年一〇月一八日、発明特許権証書を得ました。二〇〇八年一〇月、血栓、心臓血管の錠剤は、中国の国際発明博覧会で金賞を得ました。

次に、銀花《ギンカ》泌尿器炎症剤をご紹介しましょう。これは、中医によるものです。現地の薬剤を使い、また現代のプロセスを使い、膀胱炎や急性腎盂炎に有効です。これは、国家発明特許証書を得ました。保護期間は二〇年です。また、「火炬計画」のプロジェクトにも選ばれました。

国は五つの委員会がありまして、そこから国家重点新製品の証書を得ました。私どもは自然からものを得て、健康に貢献することを趣旨にしております。ぜひ日本の皆さま、私どもとともに、健康のために力を尽くそうではありませんか。

以上です。ありがとうございました。

土井　どうもありがとうございました。

時間がありませんし、私は経済学が専攻で知識が及びませんので、私は特にコメントをしないで、これで終了したいと思います。四人の皆さま、どうもありがとうございました。

第3セッション
〔バイオ関係〕

司　会	柏　　旭
報告者	近藤 伸二
	施　　維
討論者	藤原 伸介
	葵　　勇

毎日新聞論説副委員長　近藤《こんどう》　伸二《しんじ》

製薬と醸造の伝統の地

近藤　毎日新聞論説室の近藤と申します。私はこのセッションの最初に、「関西のバイオ研究の現状と展望」というテーマで報告をしたいと思います。

今、関西はバイオを産業の柱にしようという機運が高まっています。まず、関西にはバイオ研究の基盤があるということを三つの点から紹介したいと思います。

一番目は、大日本住友製薬の多田社長のお話にも出てきましたが、製薬や醸造についての伝統と蓄積があるということです。

近藤伸二氏

大阪市内、特に道修町周辺に三〇〇社を超える製薬会社が集まっていて、江戸時代から薬の流通を独占的に行い、「薬の町」として栄えてきた歴史があります。現在でも、武田薬品工業、田辺三菱製薬、大日本住友製薬、塩野義製薬など日本を代表する大手製薬会社の本社が建ち並び、大阪府の医薬品生産額は全国でもトップクラスです。

また、薬以外でも、長い歴史を誇る京都・伏見や神戸・灘といった酒の醸造技術の蓄積もあります。

二番目として、研究機関の集積を挙げたいと思います。京都大学、大阪大学、神戸大学、関西学院大学などの著名大学、そして国立循環器病研究センター、産業技術総合研究所、生物分子工学研究所など、バイオやライフサイエンスに関連する高度な研究機関が集積していることです。

三番目はものづくりという点です。薬だけではなく、家電、あるいは東大阪には非常にレベルの高い中小製造業が集積していて、ものづくり全般について高いポテンシャルがあります。

関西バイオ推進会議

一〇年ほど前から、関西のバイオに関する力を結集しようという動きが強まってきました。それで「関西バイオ推進会議」という組織が誕生しました。関西のバイオにおける潜在力を生かした事業を推進して、相互連携を強めていく。そして、世界的な研究成果を生み出して国際競争力を高め、関西経済の再生を図ることを目的に二〇〇一年に設立され、産官学が結集する場として機能しています。

最初の会議で「関西バイオサイエンス推進宣言」を採択しました。二〇〇九年には、「関西圏ライフサイエンスの国際拠点形成基本構想」の実現に向けて、一六のプロジェクトを政府の都市再生本部に提出しました。

「関西バイオサイエンス推進宣言」は世界的な拠点を形成して、バイオ研究の集積を最大限に生かした産業クラスターの形成を目指すという内容です。研究者間の連携、新しいチャレンジ、人材育成、事業化支援

①彩都ライフサイエンスパーク構想
②バイオ情報ハイウェイ（第Ⅱ期）構想
③関西学研都市メディカルコンプレックス構築プロジェクト
④長浜バイオ大学をはじめとする学術研究基盤を核としたバイオ産業創出プロジェクト
⑤ヒューマン・エルキューブ産業創成のための研究プロジェクト
⑥光科学技術を核としたバイオ産業の創出

図１　実現目指す 16 プロジェクト①

⑦和歌山バイオ戦略
⑧京都バイオシティ構想
⑨神戸医療産業都市構想
⑩ゲノム医療情報解析センター構想
⑪健康・予防医療産業振興プロジェクト
⑫ヘルステクノロジーを核とした健康・医療クラスター創成構想
⑬次世代医療システム産業化フォーラム
⑭関西ティッシュエンジニアリングイニシアティブ
⑮みえメディカルバレー構想
⑯健康関連産業の新産業展開プロジェクト

図２　実現目指す 16 プロジェクト②

のための仕組みづくりなどのプロジェクトを提言して、産官学の連携・協力を推進する。そして、科学技術の振興を関西経済の活性化に役立たせる。こういったことを宣言したわけです。

一六のプロジェクトは図１・２の通りです。各地域でいろいろな試みが行われています。

その中でも、特に柱となる三つのプロジェクトを紹介したいと思います。

一つ目は、大阪の彩都ライフサイエンスパーク、二つ目が京都のバイオシティ、三つ目が神戸医療産業都市です（図３）。

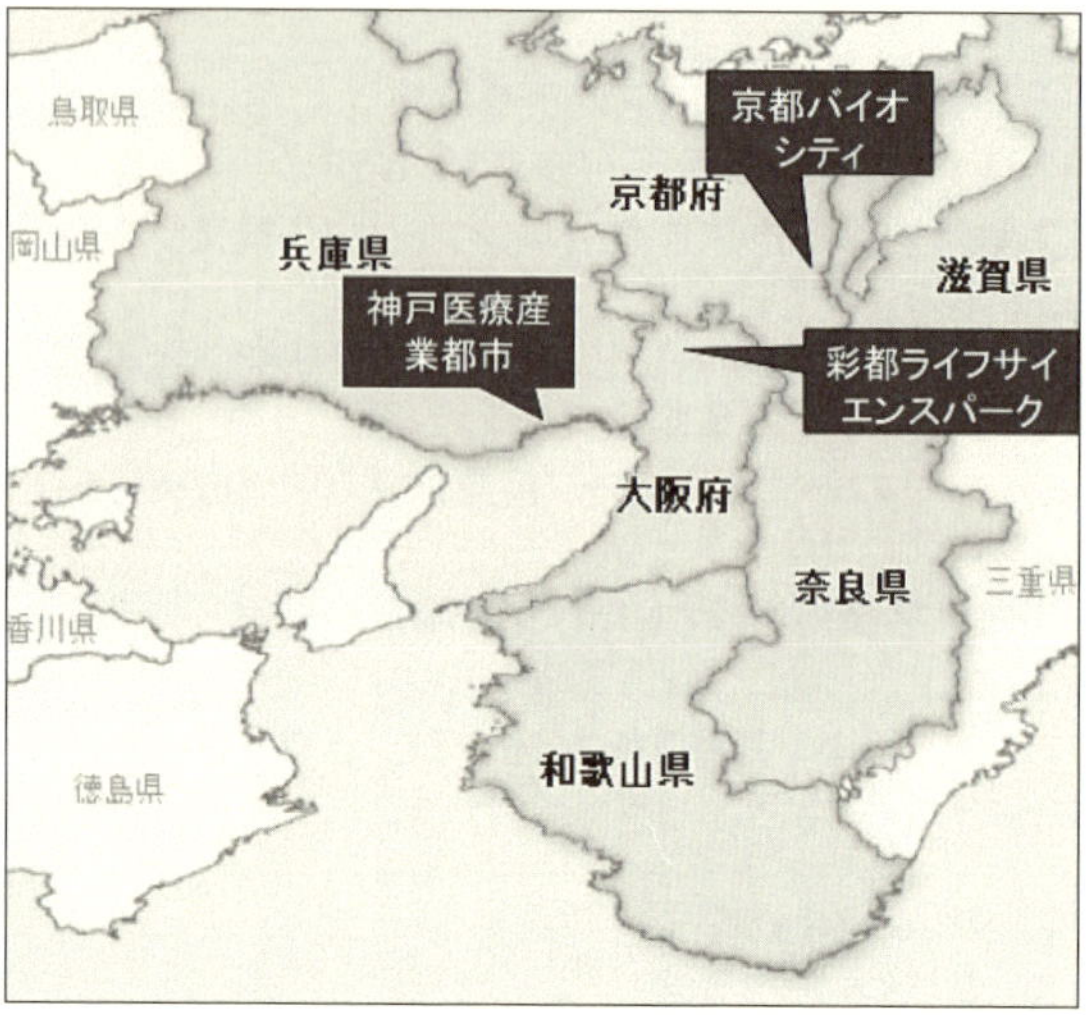

図3　核となる3つのプロジェクト

彩都ライフサイエンスパーク

一つ目の彩都ライフサイエンスパークは、二〇〇四年四月に大阪北部の丘陵地に設立されました。バイオ、医薬、食品、コスメ、ヘルスケアなど、さまざまなライフサイエンス分野の研究・技術開発機能を持つ施設と、それらに付随する関連施設の一大拠点です。

昨年六月現在で、四三社、約一二〇〇人の研究者が研究活動を行っています。特徴として、周辺の世界的な研究機関の集積を生かし、政府の都市再生プロジェクトにより各種施策が集中的に実施され、地元の産官学による活発な取り組みが進められていることが挙げられます。

多くの研究機関がありますが、その中から三つ取り上げます。

一番目は、彩都バイオイノベーションセンター。これはベンチャー企業だけでなく、中堅・中小企業を対象にした、治験薬製造設備など高付加価値機能を有するインキュベーター施設で、二〇〇八年一〇月の開設です。

二番目が彩都バイオヒルズセンター。これは八洲薬品の施設で、大阪府のバイオインキュベート施設認定制度によるレンタルラボです。二〇〇六年四月に開設しました。

三番目が彩都バイオインキュベーター。大阪大学を主要連携大学とする、大学連携型起業家育成インキュベーター施設で、全国で初めて公設民営の形態で運営されています。二〇〇四年七月に開設しました。

さらに、この周辺に世界的な研究機関が集積していることを指摘したいと思います。大阪大学の微生物研究所、蛋白質研究所、免疫学フロンティア研究センター、あるいは独立行政法人の国立循環器病研究センター、大阪バイオサイエンス研究所、医薬基盤研究所などで、これらはいずれも世界最先端の研究を行っている施設です。

大阪はこういった集積を生かして、産官学による「大阪バイオ戦略推進会議」を立ち上げ、昨年、アクションプログラムである「大阪バイオ戦略二〇一一」を策定しました。

これには三つの柱があります。一番目はファンドの運営、人材マッチングなどの事業を通じた、バイオ関連ベンチャー支援の強化。二番目は、国際戦略総合特区への提案・指定、治験促進による先進的な医薬品、医療機械、先端医療開発の円滑化、迅速化。この特区については最後に詳しく取り上げますが、昨年末に関西が特区に指定され、今、その中身を詰めているところです。三番目が、オール関西での革新的研究開発や産官学連携を通じた事業化、アライアンスの推進です。

「大阪バイオ戦略二〇一一」の目標ですが、二〇〇八年の状況を見ると、バイオ企業数が三八九社、生産高が四六億五〇〇〇万ドル、雇用者数が二万三〇〇〇人、バイオベンチャー数が一一八社、ＩＰＯ（新規株式公開）ベンチャー企業数（累積）が二社、研究者数が九七四〇人となっています。これを拡大していき、一〇年後の二〇一八年に世界第五位のバイオクラスターを目指すものです。二〇〇八年時点では、一位の米サンフランシスコの生産高は一七七億ドルとなっています。それに向かって、大阪も拡大していく計画です。

京都バイオシティ構想

柱となるプロジェクトの二つ目は京都バイオシティ構想です。これはライフサイエンス分野で世界的に活躍している先進的な企業群、多彩な研究成果を持つ多くの大学など、京都に集積するライフサイエンス分野の先進性、優位性を生かして、産官学連携のもとにバイオ産業を大きな柱とする新世紀型の産業政策・都市戦略を進めるという内容で、二〇〇二年六月に策定しています。

特徴として、大学と企業を中心とした共同研究プロジェクトの推進、あるいは食品、計測、ライフサイエンスなどをテーマにしたコンソーシアム化を目的としたシンポジウムや研究会の企画運営が挙げられます。その中で、特に最近、大きな注目を集めているのが京都大学のｉＰＳ細胞研究所です。これは二〇一〇年四月、京大付属病院の構内に設立されました。ｉＰＳ細胞技術の実用化が目的で、京大の山中伸弥教授が所長を務めています。

研究所の理念は、一番目として、世界初のｉＰＳ細胞に特化した先駆的な中核研究機関としての役割を果たす。二番目に、ｉＰＳ細胞の可能性を追求し、基礎研究にとどまらず応用研究まで推進し、再生医療の実現に貢献する。三番目が、京大の各研究所や病院を中心として、それらの機関と連携しながら、共同研究の奨励と若手研究者の交流・育成に努めるというものです。

ｉＰＳ細胞というのは、既に分化している細胞を変化させて、受精卵の時のようにさまざまな細胞や組織に成長する能力を持たせた細胞で、山中教授が二〇〇六年にマウスの細胞でつくり出すことに成功しました。新薬の安全を確認したり、病気の仕組みを解明したりする応用が研究されているほか、将来は、患者本人の細胞を使った再生医療への応用が大いに期待されています。

山中教授は世界最先端の研究をされており、毎年ノーベル賞候補に上がるなどマスコミでも有名ですので、皆さんよくご存じだと思います。

神戸医療産業都市

三つ目は神戸医療産業都市です。

これは、地域の振興プロジェクトとして、神戸市がポートアイランドに先端医療技術の開発拠点を整備したものです。産官学連携により、二一世紀の成長産業である医療関連産業の集積を図る。そして、市民の健康・福祉の向上、神戸経済の活性化、国際社会への貢献を目標とするものです。

一九九八年から検討を始め、二〇一一年一二月現在、一四の中核施設を含む二一五の医療関連企業が進出しています。特徴として、基礎研究の成果を臨床に応用するための橋渡し研究に必要な施設が整備されていることが挙げられます。中核施設は神戸空港から近い場所に集積しています。

ちょうど先週、神戸と中国江蘇省泰州市にある「中国医薬城」がクラスター同士の連携協定を締結しました。「中国医薬城」というのは、中国唯一の政府公認メディカルクラスターで、大手製薬会社を含めて約三六〇社が進出しています。

今、注目を集めているのが、スーパーコンピューターの「京」です。これは理化学研究所・計算科学研究機構と富士通が共同開発をしていて、CPU八万八〇〇〇個を内臓して、世界で初めて、毎秒一京回——京というのは一兆の一万倍というすごい数字ですが——を超える計算をこなします。今年六月に完成して、一一月から運用を開始する予定です。

医薬品や自動車、航空機、医療分野などへの応用が期待されており、つい数日前にも、東大の先端科学技術センターが「京」を利用して、抗がん剤などの新しい薬を開発するというニュースが報じられていました。

最近のもう一つの話題は、JR大阪駅北側の「うめきた」に建設が進む「グランフロント大阪」の中核施設として、知的創造拠点「ナレッジキャピタル」が二〇一三年春に開業することです。「うめきた」は、かつては「梅田北ヤード」と呼ばれていました。「ナレッジキャピタル」はロボットや環境技術のほかバイオ分野でも、企業や研究機関だけでなく一般からのアイデアや技術も組み合わせて、新たな商品やサービスなどの付加価値創出、情報発信を担います。各分野の情報の交差点、集積地になると期待されています。

関西イノベーション国際戦略総合特区

最後に、日中経済貿易センターの青木理事長の講演でも出てきました、関西イノベーション国際戦略総合特区についてお話ししたいと思います。大阪、京都、兵庫三府県と、大阪、京都、神戸三市が共同申請をし

- ■京都市内＝再生医療
- ■北大阪＝次世代ワクチンの開発など
- ■大阪駅周辺＝産官学連携の市場づくり
- ■神戸医療産業都市＝先端医療機器の開発など
- ■播磨科学公園都市＝革新的創薬研究など

図４　関西イノベーション国際戦略総合特区の地域別の主な事業

ていましたが、昨年暮れ、政府から国際戦略総合特区の指定を受けました。

対象エリアは九カ所です。優遇税制や規制緩和措置が適用され、医療品、医療機器、バッテリーなどの新産業を育成します。

六府県市は現在、国と協議したり、経済団体や大学、企業と協力したりしながら内容を詰めているところです。

医薬品・医療機器分野では、臨床試験で得られたデータを治験段階で活用したり、先端技術をいち早く実用化したりすることができます。先ほどお話ししました、彩都ライフサイエンスパーク、京都バイオシティ、神戸医療産業都市のプロジェクトや、「うめきた」の「ナレッジキャピタル」なども含まれています。

主な事業は図４の通りですが、最後にある播磨科学公園都市というのは、Spring 8という大型放射光施設があって、タンパク質の構造解析などが行われているところです。

二〇二五年には特区全体で、医薬品・医療機器で二〇一〇年の輸出額二五五〇億円を一兆六〇〇億円にする。つまり、二〇一〇年の四倍以上にするという目標を立てています。

まとめとして、関西のバイオ研究・産業は非常に高いポテンシャルがあるということを改めて強調しておきたいと思います。具体的には、創薬や醸造の伝統と蓄積、世界レベルの研究機関や企業の集積、各地域の戦略的な取り組みなどです。

今後の課題としては、関西イノベーション国際戦略総合特区の中身をいかに充実させて、生かしていくかということ。そして、産官学の連携をより一層強化していく。さらに、現在進行中の各プロジェクトや地域間の連携・協力を強めて、オール関西として力を発揮していくことが挙げられると思います。

以上、私の報告とさせていただきます。ありがとうございました。

吉林大学生命科学学院教授　施《し》　維《い》

私の免疫研究と日本

施　皆さん、こんにちは。まず報告の前に、日本語で簡単に自己紹介をします。私は施と申します。今回、来てみると、なつかしい感じがしています。私は二〇年前にこちらに住んでいました。阪大で八年間、勉強と仕事、生活の経験がありますので、なつかしい気持ちでいます。一九九三年から一九九九年まで、阪大の岸本忠三先生と審良《あきら》静男先生のところで免疫の研究をしましたが、博士号をとってからは、菊谷仁先生のグループで二年間、研究をしました。その後は、カナダのトロントにある癌研究所で、癌の研究を続けてやりました。二〇〇六年に吉林大学に戻りました。今の研究テーマは、免疫シグナルとか、癌についての研究です。

施　維氏

今回、私の研究報告では、プーアール茶のいろいろな機能についての研究データを少し発表します。

本日は、ライフサイエンス〝同業者〞の皆さまとここで交流できますことを大変うれしく思います。帰国して、研究チームで、同僚とともにプーアール茶の機能について研究をしております。

吉林大学の研究チーム、北京大学、清華大学、雲南農業大学などの大学の研究スタッフがグループをつくり、プーアール茶について研究をしております。

日本の兵庫医科大学の皆さまとも一緒に、この研究をしております。大変やりがいのある仕事だと思います。というのは、知識を学び、このような協力のプラットフォームを利用し、お茶や健康について、また漢方薬の成分について理解し、皆さまに伝えることができるからです。

プーアール茶

プーアール茶というのは、皆さまもよくご存じだと思いますし、飲まれているかと思います。プーアール茶の効能には既に長い研究の経過がありますので、血脂や血糖を下げる、また癌を抑えるなど非常に役に立つ効能があるといわれておりますが、それをターゲットにして、どのような作用があるのかということを私たちは研究しています。

例えば、プーアール茶と細胞にはどんな関係があるのか、細胞の中の酵素、タンパク質、プーアール茶はタンパク質にどのような影響を与えるのかがまだはっきり分かっておりませんので、それについての研究を行っております。

これは細胞膜の中に二つのシステムがあります。一つは、細胞の成長、色素だとか、赤いタンパク因子。もう一つは調節です。例えば細胞死に関する因子はあるのかどうかということです。何が細胞死に関係しているのかということも研究しております。

例えば、いろいろな病気がありますが、その病気と細胞には、どういう関係があるのか。一つには、アンバランスだということがありますので、そのアンバランスを調整することで健康を取り戻すということ。そして、プーアール茶に、そのようなバランスをつくり出す機能があるのかどうか。プーアール茶を一つの切り口として、研究したいと考えたわけです。

カナダでの私の先生はウーロン茶について研究もなさっていますが、彼もこの面について研究をされております。

プーアール茶の中に、細胞内キナーゼのシステムがありますが、それがどう変わっているのか、病気との関係はどうなのか、その変化と機能について、生命体の機能にどのような役割を果たしているのかということを現しているわけです。

これはチップです。このチップについて研究をしたわけですが、一つはターゲットを調節するということですが、これで免疫システムに対して変化がありました。非常に重要なタンパクについて調整機能があったということ。そしてグルタミン酸です。プーアール茶は、ここで何らかの機能を果たしているわけです。

例えば、パーキンソン病などは、プーアール茶を飲むことによって、バランスがよくなっていきました。例えば、高齢者の認知症がよくなっていったということも見られました。

そこで、プーアール茶がターゲットの細胞の調節を行う上で、何らかの遺伝子に関する機能があるのではないかと。例えば、ストレス遺伝子、ＤＮＡ抑制遺伝子と家族遺伝子、癌と、癌抑制遺伝子、細胞死に関する遺伝子、免疫に関する遺伝子、細胞の増殖と分化に関する遺伝子、神経受容体の遺伝子など、さまざまな遺伝子についての研究を行いました。

生命体との関係、調節機能

まず最初に、プーアール茶の生命体に対する研究、ターゲットの調節に関する研究を行ったわけですが、細胞の中の血脂、血糖が下がりました。

これは、私たちの臨床の結果です。プーアール茶の、例えばmGluR5の研究とか、Hsp70の研究を行いました。プーアール茶の成分は非常に複雑です。分子も、大きいものから小さいものまであります。ですから、私たちはまず科学でそれを分析します。また、異なった組成によりまして有効成分を見ました。

そこで発見したのは、異なった作用によって、プーアール茶は異なった効果が生まれるということです。量が異なれば、その効果も異なります。そして、組み合わせが違うと変わるので、明らかにわかるのは、グルタミン酸受容体です。

このような研究によりまして、プーアール茶は、確かにターゲットを調整する機能があることがわかりました。そして、この結果から、これから研究しなければならないのは、プーアール茶にはどうしてグルタミン酸を調整する機能があるのかということです。パーキンソン病を含むいろいろな病気について、私たちのグループはこれからも、この研究を続けなければなりません。高齢者の認知症を含むさまざまな病気について、プーアール茶を研究することは、非常に有効だと思います。

では、次に、gp130信号経路について、私は大阪大学でもこれについての研究を行いました。

そこでわかったのは、プーアール茶はgp130の分子量に、細胞膜貫通のタンパクを調整することができます。これには九一八個のグルタミン酸の残基が含まれます。また、その中にN末端、二二のアミノ酸組成信号、ペプチドですが、一九八九年に免疫沈澱などが発見されました。その次の年にクローンが成功しました。一九九四年に細胞分化が起こりました。

そして、ＪＡＫの経路と、Ras/MAPK の経路の伝達によって、免疫系統に重要な役割を果たしていることがわかりました。例えば、これも細胞膜の受容体の話です。

gp130 と免疫機能

gp130 に私がどうしてこれほどの興味を持っているのかということですが、マウス、細胞膜の中の遺伝子、研究の結果わかったことは、マウスの受容体と我々が調べているタイロシンが同じ信号分子なわけです。ですから、これからもこれを研究していきたいと考えております。
gp130 は免疫系統に関するものがあることがわかりました。そして、ここにはたくさんの受容体があることもわかりました。また、ほかのタンパクが含まれていることもわかりました。また、プーアール茶を研究する中でわかったことは、gp130 のマウスの研究によって、このマウスは二型糖尿病を持ったものですが、二型糖尿病を治療するにはどうすればいいかということです。
このマウスはプーアール茶を飲むことによって、寿命が延びました。肥満が治りました。ということは、gp130 とレプチンレセプターがその構造からも、機能からも、非常によく似ているということがわかりました。タンパクにしても、また、その信号の経路にしても、非常によく似ているわけです。そういう意味で、gp130 はこれからも研究していかなければなりません。信号の経路の閉塞を打開するという意味で、極めて重要な役割を果たしております。

これが、信号を伝達できたということをあらわしています。レセプターです。gp130が全部なくなりました。それは、gp130のおかげかもしれません。キナーゼによって、ここの機能が回復しました。

プーアール茶に表面的な分子の活性化ができたのかどうか、どうして二型糖尿病が治ったのか、肥満が治ったのかということがあるわけですが、ここにその変化、レベルの転写を紹介しております。

これは定量PCRでプーアール因子を測定し、転写の調整ができたレベルの変化をあらわしたものです。例えば、その作用が異なるとき、それが上がったり、下がったりしていくわけです。つまり、これはプーアール因子がgp130の信号経路を調節できるということではないかと思われます。これが下がりました。時間とともに、この関係がより明らかになります。

したがって、プーアール茶をどれくらい飲むのか、量はどうなのか、また、どれくらいの期間飲むのかということも極めて重要な要素になると思います。つまり、分子量が異なるプーアール因子がHepG2細胞、gp130、STAT3の転写レベルにどのような影響を与えるのかということ、この関係は量の違い、期間の違いが極めて重要ではないかと思われます。時間によっては、レベルが上がったり、下がったりしているわけです。

実験を重ねて

その結果わかったことは、分子量五〇キロ、一〇〇キロのグループは、gp130とSTAT3の転写レベルに最も大きな影響を与えたということです。つまり、プーアール茶の中には、この分子量の範囲の中の何らかの有効成分があり、その有効成分が最もよく gp130 の表面の受容体を活性化し、同時に、下流の STAT3 信号経路を活性化するということがわかったわけです。しかし、その具体的な成分については、これから研究していかなければなりません。

そして、免疫系統の再活性化、細胞の増殖と成長、また、そのほかの胸腺内のリンパ細胞の活性化などについても、やはり影響があるのではないかという結果が得られました。

これは、異なるマウス、異なる臓器の経路への影響をあらわしたものです。また、これは、db マウスの gp130 の測定の表現レベルです。これは血糖値を下げる薬、ある種のケトンですが、そのケトンと比べてわかったことは、プーアール茶には、極めて低い濃度のものにも血圧値を下げる作用があるということです。

ここで一つの結果を皆さんに示したいと思います。プーアール因子は、体内あるいは体外で gp130 のリン酸化を誘導し、また、gp130 を通じて、ＪＡＫに STAT3 の信号経路を活性化し、さらに PTP-1B の活性を抑制することができる。つまり、db／db二型糖尿病の代謝経路の喪失を補充する役割があるということです。

さらに、そのほか、我々はdb／dbマウスの各臓器の免疫、組織についても実験を行いました。そこでわかったことは、gp130 のプーアール因子には、成分を活性化させるものがあるということです。薬には副作用があるわけですが、もとの正常な機能を戻すという意味で、プーアール茶は役に立つと思います。

もちろん、一つだけの機能ではなく、総合的な機能があると思います。そして、体のバランスが崩れた状態を正常に戻す役割が、プーアール茶にはあると思います。単一のものではなくて、たくさんのものがあります。それが糖を抑え、代謝を促進したということです。そして、異常を正常に戻すという機能がプーアール茶にはあるということです。

もちろん、これについて、その他の研究も行わなければなりません。例えばグルタミン酸とか、その因子に対する変化はどうかということも、これから研究していかなければなりません。

これらの仕事は、たくさんの人の協力を得て、行ってきました。先生、学生、海外の友人、先生方、皆さんに指導していただいたおかげです。この場をお借りして、再度お礼を申し上げます。ありがとうございました。

関西学院大学理工学部教授　藤原《ふじわら》　伸介《しんすけ》

産学連携ということ

藤原　ご紹介ありがとうございます。関西学院大学の藤原でございます。

施先生の非常にアカデミックな話の中で、産学連携の話はしづらいところがありますが、関西学院大学というのは、文系の大学としては非常に古くから認められておりますが、二〇〇二年に理学部が理工学部という所帯になりまして、それから生命科学科という学科もできまして、現在は生命科学専攻と、医化学専攻というものができておりまして、バイオ研究を推進しております。

藤原伸介氏

理工学部ができてから、ちょうど一〇年になります。私も二〇〇二年に関西学院にまいりましたが、後発としては非常に頑張っているなというのが、身を置いて感じるところであります。

大学の研究成果を社会に活用しようというと、産学連携ということになるかと思いますが、先ほどのご紹介にもありましたように、関西地区にはバイオの研究機関が集積しております。それにあわせて、道修町を中心とする医薬品業界、そして発酵産業が根強く頑張っている地域です。ところが、実際に産学連携をするとなりますと、大学の利益といいますか、大学が考えることと、企業さんが考える利益が少しずれているのが実情だと思います。

我々も、二〇〇二年に理工学部ができたときに、学内に研究推進機構という部門をつくりまして、産学連携のエキスパートの人を大学に招きまして、産学連携を推進してまいりました。我々がこの一〇年、知的財産、特許というものをどのようにとらえて、取り組んできたかという実績を紹介したいと思います。

研究推進機構とライセンス収入

二〇〇二年に理工学部ができまして、法人帰属の特許が現在は一一件ありますが、第一号が出たのが二〇〇五年五月です。特許というのは、ご存じのように、出願するのは誰でもできるプロセスですが、それが登録されて技術移転ということになりますと、ハードルは高いものでございます。

関西学院大学は、二〇〇六年度の実績で、ライセンシング収入でいきますと、全国七五六大学の中で第八位に入りました。二〇〇九年には一二位となっていますが、額としては非常に頑張っているのではないかと思います。はるかに大きな規模を持つ大学に比べても、密度の濃い研究成果を出しているのではないかと思います。

こういった成果に基づきまして、企業さんからの共同研究へのプロポーザルがどんどん増えてまいりまして、二〇〇九年度、企業さん一件当たりの研究費実績がどれくらいあったかといいますと、文部科学省の資料によりますが、第六位でした。現在、二〇一〇年の資料が一番新しいですが、関西学院は第４位で、企業の方が我々の研究をかなり支援してくださっていることが読み取れるかと思います。

我々には研究推進機構という部門があります。こちらに在籍している職員の方は、以前、企業にいらっしゃって、大学との共同研究を進めていらした方とか、実際の現場にいらっしゃった方が複数名おられまして、私どもの大学のマインドと企業のマインドを非常にうまく融合してくださったと思います。

私は前任校で、企業と共同研究をするときには大変苦労しましたが、関西学院にまいりましてからは、研究推進機構の方の助言というのは、あえて共同研究を進めないほうがいいとか、先に特許を優先しようとか、本当の意味でのライセンシングを意識した取り組みがうまく行われたのではないかと思っています。

関学のユニークなバイオ研究

ユニークな研究をここで紹介させていただきますが、本学の佐藤英俊准教授がやっております、バイオがらみの研究です。現在、内視鏡で、がんなどを検診する技術は進んできておりますが、これは内視鏡の先にラマン光を検出する素子をつけて、分光学的に細胞の異常を検出しようという技術であります。これも関西学院から出ている、ユニークなバイオ研究ではないかと思います。

また、発酵ということで特殊な事例では、私がマルカン酢という会社と共同でやっていますが、ここは古くから宮内庁御用達のお酢会社でございまして、明治時代から宮内庁に酢を納めています。緑のラベルが、宮内庁へ一升瓶で納めているお酢の九〇〇ミリリットルボトルに分注した商品で、これは高級スーパーへ行くと買うことができます。

実はお酢の味というのは、においと非常に関係しておりまして、ある特定のにおい成分を強化すると、お酢としての味が変わってくる。これを分子遺伝学的に改良しようという研究を進めております。

あと、本学の尾崎幸洋教授が研究しております、これも分光学を応用した技術です。実は、吉林大学には、尾崎先生のところで学位をとった教授の先生がたくさんいらっしゃいまして、私どもも二〇〇七年に吉林大学を訪問させていただいた折に、関西学院大学と吉林大学の結びつきがこんなに強かったのかということを改めて感じた次第です。

そのほかに、本学の山口宏教授が行っております、リグニン等の木質資源を用いまして、原材料物質をつくろうという研究も行っております。

簡単ではございますが、ここで終わらせていただきたいと思います。

ありがとうございました。

吉林大学生命科学学院教授　蔡《さい》　勇《ゆう》

基礎研究を治療と診断へ

蔡　僕も、紹介は日本語で、プレゼンテーションは中国語でさせていただきます。

一九年ぶりに日本に戻ってきて、ものすごく感動しています。二〇年前から、ずっといい環境で、科学者の皆さんが頑張っていることに感じ入っています。

九州大学の医学部で四年間学び、Ph.D.をもらって、それから、東京医科歯科大学で二年ほどポスドクをして、アメリカへ移りました。二年前に吉林大学に戻って、今はエピジェネティックスの研究をしています。僕は医師（M.D.）出身ですが、リサーチに変更して、基礎研究が重要ではないかと。基礎研究を介して、病気と腫瘍（tumor）のメカニズムを解明して、それが治療と診断に結びつけられるのではないかという発想です。

蔡　勇氏

もう一つ感じるのは、基礎研究と企業の間で、どうやって仕事をするか。産学連携でいい仕事ができるかと。ここに来る前に、韓国の大きな企業を訪ねました。それはセルトリオンといって、世界でトップ3のバイオ・ファクトリーらしいです。韓国の政府もかなり力を入れて、バイオのサイエンスに向けてやっていると感じました。

エピジェネティックスの応用

ここから中国語にします。

今日、私がご紹介するのは、Epigenetics regulation mechanism の、癌の診断への応用、そして、ターゲティング医薬品を開発する中で応用するということです。

次のようなことがわかっております。ヒト、生物の遺伝情報というのはＤＮＡにあるわけですが、同じようなＤＮＡで、どうして受精卵が分化・増殖することによって、それぞれ異なった個体細胞ができるのか。同じような遺伝子で、それが分化・増殖の段階、時間が異なることで、どうして遺伝子の表現が変わるのか。そういう疑問を私は持ったわけです。

三つについてお話をしたいと思います。

遺伝の背景、また遺伝はどういうことかということが一つ目です。次に、いかにしてその酵素を研究するのかということ。これらの調整にタンパク、酵素がかかわっているわけですが、どのような酵素、タンパクなのかということ。三つ目は、イン・ビトロでやるわけですが、酵素の複合物をどのように研究開発し、それと臨床をどう結びつけたらいいのか、疾病の治療にどう結びつけたらいいのか。つまり、遺伝子と染色体の関係をどうするのかということです。

遺伝子というのは、どう調整するのか。右上に染色体があります。遺伝子構造です。これが実際の細胞の中にあるわけで、こういう染色体になるわけです。

基本的に、染色体、ＤＮＡというのは、四つのタンパクからできているわけです。つまり、簡単に言うと、このような染色体が体内で二つの状態であります。一つは、ヘテロ・クロマチンという状態、もう一つは、もう少しゆるやかな状態です。

この遺伝子は、非常にアクティブなものです。このような遺伝子の調整は、酵素によって行われるわけです。この四つの形で遺伝子を調節しているわけです。では、それと疾病はどういう関係があるのでしょう。これは皮膚癌です。皮膚癌の発生の過程で、エピジェネティックスが変わります。

現在までのところ、腫瘍の発病には、いろいろな報告があります。サマリーをごらんに入れましょう。例えば、遺伝子の調整で何がわかるでしょうか。このような癌は、どうして発生するのか。これは、まだブラックボックスです。ですから、このメカニズムを研究しなければなりません。

二つ目に、ターゲットを探すこと。ターゲットは、タンパクかもしれません。酵素かもしれません。このようなターゲットによってシステムをつくり、スクリーニングを行います。次に、酵素を探さなければなりません。

私たちはヒトを研究するわけですから、ヒトの細胞の中から純化していきます。純化することによって、いろいろな酵素、タンパクにたどり着きます。このように調整されたタンパクは、例えば多タンパク、これは一〇の複合物ですし、これは一五です。

酵素と癌

では次に、酵素と癌はどういう関係があるのか。例えば、この酵素の活性化にはどうしたらいいのか、体外実験システムというのを私たちはつくりました。簡単に説明しましょう。

これは、タンパクから染色体をつくります。変異体ができました。これは染色体の中、染色体の外。これをより深めて調整していきます。これは染色体です。DNAがあります。これは真ん中にあります。酵素があります。ここで、場所が変わります。これはアイソトープで見ることもできます。三つ目は、このような病態の酵素の研究によって、ターゲットを探します。

先ほど紹介しましたのは、体外の実験です。イン・ビトロです。これは、例えばヒストン、三つに活性があります。酵素に活性があります。さらに、そのほかの例もあります。

これらの酵素によって、多タンパクというものができます。複合物の構成、構造、この結合はどこにあるのか、どこで結合しているのか、こういう形で研究することができます。この酵素の結合の場所は、ここにあります。ここで結合しています。こういう機能、パーツができました。この酵素の活性を研究することによって、酵素の活性の中心がわかります。この左の部分は調整の機能を持っています。

この複合物には、いろいろな機能があります。例えば、これは転写因子です。これによって調整が行われるわけです。これも酵素です。また、小さい酵素があります。これらのサブユニットがあるわけですが、これらはどういう役割を果たしているのか、それがわかっていくと非常におもしろいです。

また、いろいろな異なる酵素があります。これらの酵素は互いに役割を果たしているのだろうか、何らかの役割をお互いに果たし合っているのかどうか。例えば、マルチに共同に制御する、相互関係はあるのだろうか。

エピジェネティックスと癌治療

先ほどのエピジェネティックスに戻りますが、これをうまく調整すると正常になるわけです。このバランスが壊れると、癌になったりします。この調整と薬品の開発を行うわけです。

このパーツは、ブロモドメインといいますが、これはタンパクの一部で、立体構造はこうなっています。最近わかったことは、ブロモドメインで薬品のスクリーニングを行います。例えば癌になる遺伝子を見つけて、この方法で癌を治療するわけです。癌にかかりますと、血管が造成されます。ＨＩＦは、癌のときには増殖します。血管が増殖するわけです。ですから、これも重要なターゲットです。そのターゲットを集中的に治療するわけです。

このパーツは、血管に関するものです。では、一つの薬をスクリーニングして、ブロックすることはできないのかということです。これは一つの抗生物質です。こういう方法で、試験管の中でタンパクとこれと、異なったもので結合させるわけです。p300。このバイオ、この結合を抑制すればどうなのかということです。異なった長さのパーツで、いろいろ証明してみました。

最後ですが、私たちのチームには二人の教授がいらっしゃいます。また、講師、学生が一〇数名おります。皆さんのおかげで、まだまだ基礎研究の段階ですが、機会がありましたら、企業、製薬会社と一緒に医薬品の研究開発ができたらなと思います。ともに発展する、Win-Win の関係が築けたらと思います。
ありがとうございました。

柏　四名の専門家の皆さま、大変すばらしい、また専門的な話をありがとうございました。時間の関係もありますので、私はコメントを差し控えます。
このセッションはこれで終わります。ありがとうございました。

フォーラム総括

佐藤 善信
李 俊江

関西学院大学専門職大学院経営戦略研究科教授　佐藤《さとう》 善信《よしのぶ》

相互交流からイノベーションを起す

佐藤　関西学院大学経営戦略研究科の佐藤でございます。日本側からの総括ということで、手短にお話しさせていただきたいと思います。

今日の基調講演、そしてセッションからもお分かりのように、日本経済は地盤沈下が急速に進んでおりますし、ビジネスの業績もあまりよくありません。我々は革新すべきときに来ていることが数年前から言われておりますが、なかなかできていないです。でも、ビジネスも経済も、革新しないことには世界の先端を走ることができません。

佐藤善信氏

そういう意味で、今日は吉林大学の関係者の方々から、いろいろなヒントをいただいたと思います。その中でも特に、我々はお互いをもう少し知る必要があるのかなと思いました。知らなければ、「これは変わっているね」「これは珍しいね」で終わってしまいます。でも、十分に知り尽くすと、今度は当たり前になってしまって、何の感激も発見もできなくなってしまいます。ですから、お互いにバランスのいい新しさといいますか、そういうことを発見することが必要かなと思います。

昨年度はビジネススクール、それと藤原伸介先生のご仲介で、理工学研究科のマスターの学生がお互いに研究開発型ベンチャー創生という事業をやっています。非常に成果の上がった事業だと思います。今年は、私どものビジネススクールの国際経営コースの学生と、吉林大学の経済学院のマスターの学生が交流を始めています。

そういう形で、ますますお互いを知ることによって、イノベーションの種を発見する、あるいは種をまくという作業をこれからも続けていきたいと思いますし、吉林大学の関係者の方々は、我々に刺激を与え続けていただきたいと思います。

本日は、どうもありがとうございました。

吉林大学経済学院院長　李《り》 俊江《しゅんこう》

司会　続きまして、中国側から、李俊江先生にお願いいたします。

李　皆さま、第五回日中経済社会発展フォーラムはまもなく終わろうとしています。私どもは、まだ一日しかこの会議を開いておりません。しかし、非常に成功した会議だったと思います。内容が豊富で効率がよいものであったと思います。

なぜ私がこう言うかといいますと、二つあります。一つは、発言の数が多かったということ。私は、統計をとってみました。日本側と中国側、一六名の専門家、学者が、また企業の代表が発言を行い、その質も非常に高いと思いました。

二つ目は、討論の内容が非常に幅広く、豊富だったと思います。マクロのものも、ミクロのものもありました。人文社会のものもありましたし、食品、医薬、バイオのものもありました。とりわけ、非常に専門的な話もありました。しかし、難しい話でしたが、私たちにも理解できました。ということは、専門家の皆さんが非常に深く理解していて、私たちにも簡単にわかるようにわかりやすく説明してくださったというふうに理解しております。

私たちは友情の種をまきました。これから、その種を友好の果実にしていかなければなりません。本年は、中日国交正常化四〇周年です。また、関西学院大学との協定ができて記念すべき年になります。私は、

第六回のフォーラムが来年、関西学院大学設立一二四年のすばらしい記念のフォーラムになることを心から願っております。

また、関西学院大学の教授の皆さま、関西の企業家の皆さま、来年ぜひ吉林長春へいらしてください。これからも交流を深めていきましょう。私たちの協力を深めていきましょう。

今回のフォーラムには一つの特徴がありました。というのは、教授だけではなく、学生もたくさん集まって交流を行ったことです。これは、私たちの中日両国の民間の交流、吉林と関西の、また吉林大学と関西学院大学の交流にとってても重要なことだと思います。

本当は質問の時間がありましたが、時間の関係で、できなくなりそうです。それは少し残念でした。

この会にご出席の皆さまがフォーラムを支えてくださったことに、佐藤先生をはじめ皆さまがフォーラムの成功のためにたくさんの準備をしてくださったことに、吉林大学を代表して感謝を申し上げます。また、司会の方にも感謝を申し上げます。

皆さま、どうもありがとうございました。

5年間の
学術交流の記録
〔プログラムより〕

第一回　日中経済シンポジウム

「日中経済協力のあり方――企業の視点から」

主催　関西学院大学、吉林大学
共催　関西経済連合会、大阪商工会議所、毎日新聞社
後援　中華人民共和国駐大阪総領事館
日中経済協会関西本部
NPO法人国際社会貢献センター（ABIC）

二〇〇七年二月一三日　大阪商工会議所・国際会議ホール

開会挨拶

王　勝今氏（吉林大学副学長）
樋口武男氏（大阪商工会議所副会頭）
松下正幸氏（関西経済連合会国際委員会委員長）
平松一夫氏（関西学院大学長）

日中経済協力を大学の視点から語る

平松一夫氏

王　勝今氏

基調講演

稲葉良晛氏（トヨタ自動車取締役副社長）

張　長新氏（吉林省商務庁副庁長）

シンポジウム

「中国東北地方の発展と日中経済協力の可能性」

司　会　近藤伸二氏（毎日新聞論説委員）

パネリスト　藤本隆宏氏（東京大学大学院経済学研究科教授、同ものづくり経営研究センター長）

李　暁氏（吉林大学経済学院副院長・教授）

西田健一氏（関西経済連合会国際委員会委員長（中国担当）、大阪商工会議所国際ビジネス委員会顧問）

張　長新氏

シンポジウム討論

討論者　伊藤正一氏（関西学院大学産業研究所長・経済学部教授）

二〇〇七年二月一四日　関西経済連合会・会議室

第一セッション〔自動車部品〕

司　会　土井教之氏　（関西学院大学経済学部教授）
報告者　謝　地氏　（吉林大学経済学院副院長・教授）
　　　　ホルガー・ブングシェ氏　（関西学院大学産業研究所助教授）
討論者　岩辺裕昭氏　（ダイハツ工業㈱執行役員）

第二セッション〔金型・工作機械〕

司　会　山本昭二氏　（関西学院大学大学院経営戦略研究科教授）
報告者　石　柱鮮氏　（吉林大学商学院教授）
　　　　朴　泰勲氏　（大阪市立大学大学院創造都市研究科助教授）
討論者　山中敏樹氏　㈱ヤマナカゴーキン代表取締役社長）

第三セッション〔製薬関係〕

司　会　木本圭一氏　（関西学院大学商学部助教授・学長補佐）
報告者　田　玉林氏　（通化市人民政府常務副市長）
　　　　盛本修司氏　㈱モリモト医薬代表取締役社長）
討論者　永本典生氏　（大日本住友製薬㈱知的財産部長）

第四セッション〔化学産業〕

司　会　李　俊江氏　（吉林大学経済学院院長・教授）
報告者　紀　玉山氏　（吉林大学経済学院教授）

藤井吉郎氏　（大阪市立大学大学院経営学研究科付属先端研究教育センター特別研究員）

討論者　山根　修氏　㈲フューチャープラッツ代表取締役）

その他出席者　潘　国立氏　（長春佳林実業集団股份有限公司取締役）

第二回　日中経済シンポジウム

「日本関西地域と吉林省の経済協力について――企業協力を中心に」

主催　吉林大学、吉林省人民政府、関西学院大学
共催　毎日新聞社、吉林省商務庁、長春市人民政府、
　　　通化市人民政府
協力　モリモト医薬

二〇〇八年九月二五日　長春市・シャングリラホテル

挨拶

陳　偉根氏（吉林省副省長）
小堤敏郎氏（大阪府にぎわい創造部観光交流局・中国統括本部長）
銭　龍生氏（長春市副市長）
定藤繁樹氏（関西学院大学副学長）

基調講演

王　勝今氏（吉林大学副学長）

張　長新氏（吉林省商務庁副庁長）

姜　国鈞氏（吉林省統計局局長）

竹内　豊氏（大阪医薬品協会、大日本住友製薬㈱執行役員事業戦略部長）

高原建司氏（豊田汽車技術中心（中国）長春分室総経理助理（トヨタ自動車長春事務所長））

第一部　吉林・関西経済の現状と課題

議　長　土井教之氏（関西学院大学教授）

報告者　李　暁氏（吉林大学経済学院副院長・教授）

報告者　近藤伸二氏（毎日新聞論説委員）

報告者　徐　傳諶氏（吉林大学教授）

討論者　福井幸男氏（関西学院大学産業研究所長・教授）

討論者　丁　一兵氏（吉林大学副教授）

討論者　李　政氏（吉林大学副教授）

第二部　医薬品産業の交流を語る

議　長　謝　地氏（吉林大学教授）

シンポジウム総括

報告者　盛本修司氏　㈱モリモト医薬社長）
報告者　森田浩史氏　（丸紅（中国）有限公司長春分公司総経理）
報告者　紀　玉山氏　（吉林大学教授）
討論者　今村　稔氏　（一汽光洋転向装置有限公司董事・総経理助理）
討論者　項　衛星氏　（吉林大学教授）
討論者　馬　春文氏　（吉林大学教授）
　　　　伊藤正一氏　（関西学院大学教授）

第三回　日中経済シンポジウム

「日中経済協力のあり方——産学官連携の視点から」

主催　関西学院大学、吉林大学
共催　毎日新聞社、関西経済連合会、大阪商工会議所
後援　大阪府、大阪医薬品協会、日中経済協会関西本部、日中経済貿易センター、中華人民共和国駐大阪総領事館、東亜経貿新聞（中国吉林省）

二〇〇九年九月一〇日　　ホテルニューオータニ大阪・鳳凰の間

開会挨拶
杉原左右一氏（関西学院大学学長）
王　勝今氏（吉林大学副学長）
野村明雄氏（大阪商工会議所会頭）
翟　憲枝氏（通化市副市長）

基調講演

伊藤正一氏（関西学院大学経済学部教授・国際学部開設準備室長）
下左近晃氏（田辺三菱製薬㈱常務執行役員・国際事業部長）
張　長新氏（吉林省商務庁副庁長）
項　衛星氏（吉林大学経済学院教授）

第一セッション〔自動車産業〕

司　会　近藤伸二氏（毎日新聞論説委員）
報告者　徐　伝諶氏（吉林大学経済学院教授）
　　　　ホルガー・ブングシェ氏（関西学院大学商学部准教授）
討論者　李　　暁氏（吉林大学経済学院副院長・教授）
　　　　土井教之氏（関西学院大学経済学部教授）

第二セッション〔医薬産業〕

司　会　李　俊江氏（吉林大学経済学院院長・教授）
報告者　王　瑞有氏（吉林通化経済開発区管理委員会主任）
　　　　岡田智彦氏（天津田辺製薬総経理）
討論者　盛本修司氏（㈱モリモト医薬代表取締役社長）
　　　　呂　学明氏（吉林万通集団）

第三セッション〔バイオサイエンス（生命科学）〕

司　会　尾崎幸洋氏　（関西学院大学理工学部長・教授）
報告者　施　　維氏　（吉林大学分子酵素工学工程教育部重点実験室教授）
　　　　今岡　進氏　（関西学院大学理工学部教授）
討論者　程　建秋氏　（通化東宝薬業股份有限公司総経理）
　　　　山田　弘氏　（㈱医薬基盤研究所基盤的研究部トキシコゲノミクス・インフォマティクスプロジェクト・サブプロジェクトリーダー）

閉会挨拶
　　　　定藤繁樹氏　（関西学院大学副学長）

第四回　日中経済社会発展フォーラム

「『長春、吉林、図們江開発開放先導区』建設と日中経済協力」

主催　吉林大学、関西学院大学
共催　東亜経貿新聞社、毎日新聞社、
　　　一般社団法人日中経済貿易センター
後援　大阪商工会議所、大阪医薬品協会、
　　　日中経済協会関西本部

二〇一〇年九月一日　長春市内ホテル

開幕式

司会　李　俊江氏（吉林大学経済学院院長・教授）

来賓挨拶

張　長新氏（吉林省商務庁副庁長）
杉原左右一氏（関西学院大学学長）

基調報告第一部
宮武健次郎氏（大日本住友製薬会長）
王　勝今氏（吉林大学副学長）
司　会　李　暁氏（吉林大学中日経済社会共同研究センター長）
報　告　李　明星氏（中国企業連合会副理事長）
青木俊一郎氏（日中経済貿易センター理事長）

基調報告第二部
司　会　伊藤正一氏（関西学院大学国際学部長）
報　告　王　勝今氏
豊田　繁氏（武田科学振興財団国際部長）

第一部
「長春、吉林、図們江開発開放先導区」建設と日中企業の協力プロセスと方法
司　会　土井教之氏（関西学院大学経済学部教授）
中国代表報告　呉　皓氏（吉林大学東北アジア研究院教授）
日本代表報告　近藤伸二氏（毎日新聞論説委員）
討　論　佐藤善信氏（関西学院大学経営戦略研究科教授）
李　俊江氏

第二部
吉林省と関西地区の製薬産業の協力提携
司　会　周　余来氏（吉林大学薬学院副院長）

日本代表報告　盛本修司氏（モリモト医薬社長）
中国代表報告　柏　旭氏（吉林大学組合化学与創新薬物研究センター主任）
討　論　潘　一杭氏（吉林万通薬業副総経理）
穆　茁生氏（蘇州大塚製薬有限公司総経理）

第三部
吉林省と関西地区の生命科学産業の協力提携
司　会　孔　維氏（吉林大学生命科学学院院長）
中国代表報告　施　維氏（吉林大学生命科学学院学術委員会主任）
日本代表報告　田中克典氏（関西学院大学理工学部教授）
討　論　佐藤英俊氏（関西学院大学理工学部准教授）
劉　陽氏（長春金賽薬業㈱副総経理）

閉会
伊藤正一氏
李　暁氏

レセプション
陳　徳文氏（吉林大学党委書記）

第五回　日中経済社会発展フォーラム

「関西と中国東北地方との経済交流を考える」

主催　関西学院大学、吉林大学
共催　大阪医薬品協会、日中経済貿易センター、毎日新聞社
後援　中華人民共和国駐大阪総領事館、関西経済連合会、
　　　大阪商工会議所、日中経済協会関西本部

二〇一二年二月二二日　…………　大阪国際交流センター

挨拶
井上琢智氏　（関西学院大学学長）
李　俊江氏　（吉林大学経済学院院長）
多田正世氏　（大阪医薬品協会会長、大日本住友製薬㈱
　　　　　　代表取締役社長）
姜　国鈞氏　（吉林省企業連合会副理事長、吉林省企業

家協会常務副会長）

基調講演

青木俊一郎氏（日中経済貿易センター理事長）
李　俊江氏
野村孝志氏（ハウス食品㈱国際事業部長・常務執行役員）
李　　暁氏（吉林大学経済学院副院長）

第一セッション〔食品関係〕

司　会　佐藤善信氏（関西学院大学経営戦略研究科教授）
報告者　桐山寛史氏（伊藤忠商事㈱食料中国事業推進部食料中国室長）
　　　　姜　国鈞氏
討論者　松村寛一郎氏（関西学院大学総合政策学部准教授）
　　　　張　英杰氏（長春中之杰実業有限公司常務副総経理）

第二セッション〔医薬関係〕

司　会　土井教之氏（関西学院大学経済学部教授）
報告者　竹安正顕氏（塩野義製薬㈱海外事業本部長）
　　　　柏　　旭氏（吉林大学組合化学与創新薬物研究センター主任）
討論者　後藤章暢氏（兵庫医科大学先端医学研究所教授）
　　　　王　昇平氏（吉林華康薬業股份有限公司副総経理）

第三セッション〔バイオ関係〕

司　会　柏　　旭氏
報告者　近藤伸二氏（毎日新聞論説副委員長）
　　　　施　　維氏（吉林大学生命科学学院教授）
討論者　藤原伸介氏（関西学院大学理工学部教授）
　　　　蔡　　勇氏（吉林大学生命科学学院教授）

フォーラム総括

佐藤善信氏
李　俊江氏

（注）講師等の肩書きは、開催時の名称を使用。

編集後記

第五回日中経済社会発展フォーラムが大阪で開催されたのは、二〇一二年二月二二日であった。その際に吉林大学側から本学との交流三〇周年記念行事を秋に長春で開く計画が伝えられた。本学も記念事業として、産業研究所が中心になって、この報告書の編集を急遽始めたのである。ところが、諸般の事情で記念行事日程は繰り上げられて八月六日～十日に開催されたので、報告書の刊行をとうてい間に合わせることができなかった。

その後の編集も順調に進んだわけではない。フォーラムの報告者は多数であるが、校正は国を超えるとなかなか大変である。思いの外、手間取ることになった。学術用語訳や図表の採取も難解であった。なんとか校了にこぎつけたのは年の暮れである。早くから原稿に眼をとおしていただいた講師陣諸氏には心よりお詫び申し上げる次第である。

また、編集には国際教育・協力センターの春木紳輔氏、吉林大学経済学院の張虎氏、関西学院大学出版会の浅香雅代氏を煩わせた。皆さまに感謝を申し上げる。そして、産業研究所の石田文子、名川恭子、倉光可奈子、顯川昌子、増田美麗、河野恵美子に手伝っていただき、本書ができあがったことを明記しておきたい。

二〇一二年の二月のフォーラム後、中国をめぐる情勢の急変は驚くばかりである。世界経済の牽引力となった高度経済成長が鈍化する兆しを見せ始めたし、尖閣列島領有権の問題は日中関係に一触即発の緊張をもたらしている。十一月には共産党大会で、中国指導部は十年間続いた胡錦濤氏の体制から習近平氏の指導へと交代した。

日中関係は冷え込んでいるが、経済、文化の面で強い絆を持つ両者にとって、この事態がいつまでも続くとは思えない。本学と吉林大学の長い交流によって培われた、国境を超えた人の和、草の根交流を大事にしたいと念じつつ、筆を擱くことにする。

編集部を代表して

関西学院大学産業研究所　渋谷　武弘

関西と中国東北地域との経済交流を考える

関西学院大学・吉林大学『第5回日中経済社会発展フォーラム（2012年）報告書』

2013年2月22日初版第一刷発行

編集・発行　関西学院大学産業研究所

発　　売　関西学院大学出版会
〒662-0891
兵庫県西宮市上ケ原一番町1-155
電　　話　0798-53-7002

印　　刷　大和出版印刷株式会社

Printed in Japan by Kwansei Gakuin University Press
ISBN 978-4-86283-131-6

http://www.kwansei.ac.jp/press

第5回 日中経済社会発展フォーラム
関西と中国東北地方との経済交流を考える
関西学院大学・吉林大学

当日会場風景

※本書は、二〇一二年二月二二日、大阪国際交流センターにて「関西学院大学・吉林大学」主催により開催された第五回日中経済社会発展フォーラム「関西と中国東北地方との経済交流を考える」の記録を補正・加筆したものです。
なお、文中で中国東北地域、中国東北部、中国東北地方と、同じ内容について表現が異なっていますが、日本での慣用表現が分かれているため、特に統一していません。関西、関西地域、関西地方の表現も同様に話者の表現をそのまま使っています。

本書の標題には、『関西と中国東北地域との経済交流を考える』を選びました。